CONTRA-BASS

Fotonachweise

Fotos der Skulpturen von Serge Castillo:
Michelle Castillo

Fotos der Retirada:
Ausstellung von FFREEE im Château Valmy/Argelès sur Mer

Titelfoto und alle weiteren Fotos: Verlagsarchiv

1. Auflage 2016
Ausstattung, Herstellung und ©:
Literarischer Verlag Edition Contra-Bass UG Hamburg
Homepage: www.contra-bass.de
E-mail: contra-bass@orange.fr
Druck + Einband: Centre Littéraire d'Impression Provençal, Marseille

ISBN 978-3-943446-27-2
Alle Rechte vorbehalten

Die Edition Contra-Bass unterstützt die Förderung einer freien, unabhängigen Verlagslandschaft in der Kurt-Wolff-Stiftung KWS.

www.kurt-wolff-stiftung

Unsere Neuerscheinungen sind auf der Plattform der Unabhängigen zu finden.

www.indiebook.de

PHILOSOPHIE PÄDAGOGIK POLITIK PSYCHOLOGIE

Wir geben in unregelmäßigen Abständen **Sachbücher PPPP** heraus, die sich gründlich und fundiert in essayistischer Form mit wichtigen Themen aus folgenden Bereichen befassen:

In der **Pädagogik** interessieren uns Ansätze emanzipatorischer Erziehung, Auseinandersetzungen über Kindergärten und Schulen, in denen es um die Entwicklung von Individualität, Eigenständigkeit und kollektiver Verantwortung geht.

In der **Politik** beschäftigen wir uns mit solidarischer Ökonomie, die das Gleichgewicht zwischen Individuum und Kollektiv und Wege aus dem Wachstumsdenken sucht, sowie mit Ansätzen basisdemokratischer Strukturen, die die Herrschaft über Menschen überwinden.

Wir unterstützen eine **Philosophie**, die sich mit den Grundbedürfnissen des Menschen und des gesellschaftlichen Zusammenlebens beschäftigt und sich unabhängig versteht von herrschenden Eitelkeiten und ökonomischen Interessen.

In der **Psychologie und Psychotherapie** setzen wir uns mit einer körperorientierten, ganzheitlichen Theorie und Praxis auseinander, die nicht die konfliktlose Wiedereingliederung ins Bestehende zum Ziel hat.

Die Hoffnung bleibt

Spanische Revolution,
Flucht und Exil in Frankreich
Juli 1936 – Januar 1939

INHALT

Karte Spanien   S. 4
Vorwort   S. 11

Teil I Widerstand, soziale Revolution und Unterwerfung   S. 19
  Spanien vor der Republik 1931   S. 21
  Tiefgreifende Konflikte in der jungen Republik 1931-36   S. 25
  Militärputsch und Bürgerkrieg   S. 29
  Soziale Umwälzung im Krieg: die Kollektivierungen   S. 39
  Stalins langer Arm   S. 47
  Letzte Kämpfe   S. 57
  Die verhinderte Revolution   S. 61

Teil II La Retirada – Rückzug und Exil   S. 65
  Rauer Empfang an der französischen Grenze   S. 67
  Lager in Sand und Wind   S. 79
  Die Unerwünschten von Vernet d'Ariège   S. 89
  Die Verachteten kämpfen in der Résistance   S. 93
  Ziel unbekannt: Die Verfrachtung der Frauen und Kinder   S. 97
  Eine Oase im Inferno: Das Geburtshaus in Elne   S. 103
  FFREEE – Die Kinder der spanischen Flüchtlinge
  bewahren die Erinnerung   S. 109

Anmerkungen Vorwort   S. 113
Anmerkungen Teil I   S. 114
Anmerkungen Teil II   S. 120
Literatur   S. 123
Karten Retirada   S. 124
Danksagung   S. 127

Clara Thalmann 1953

Vorwort

1984 sah ich den Film der Freiburger Medienwerkstatt „Die lange Hoffnung" im Fernsehen. Mitglieder der Werkstatt unternahmen 1983 eine Erinnerungsreise nach Spanien mit zwei alten Menschen: Clara Thalmann, Schweizerin, 75 Jahre alt, war im Sommer 1936 als gute Schwimmerin zur Gegen-Olympiade nach Barcelona gereist und geriet dort in die Mobilmachung für den Widerstand gegen den Militärputsch Francos. Augustin Souchy, 91 Jahre alt, freier Journalist und Mitbegründer der Internationalen Arbeiter Assoziation, wurde im Juli 1936 von der anarcho-syndikalistischen Gewerkschaft CNT in Barcelona zum Auslandssprecher ernannt.

Es war das erste Mal, dass ich von den Kollektiven erfuhr, die während des Krieges auf dem Lande und in den Städten gegründet wurden, überall da, wo die Anarcho-Syndikalisten den Militärputsch Francos im ersten Anlauf besiegt hatten.

Clara war in der Kommunistischen Jugend in Basel groß geworden. Ihren Mann Paul (Pavel) Thalmann lernte sie kennen, nachdem er drei Jahre in Moskau studiert hatte und sich infolge dessen vom Stalinismus abwandte. 1928 wurden sie beide aus der KP ausgeschlossen und arbeiteten nun in der Kommunistischen Parteiopposition KPO zusammen. Als Clara sich auf den Weg nach Barcelona machte, hatte sie aufregende Jahre im antifaschistischen Widerstand gegen Hitler-Deutschland hinter sich. Mit Ausbruch des Militärputsches fiel die Gegen-Olympiade ins Wasser, und Clara meldete sich sofort bei den Milizen, den von den Arbeitern selbst zusammengestellten Brigaden. (Weil sie schießen konnte.) Bevor sie an die Front fuhr, traf sie Pavel auf den Ramblas, der ihr nachgereist war. Sie verbrachte einige Zeit mit ihrer Einheit, die zur Kolonne Durruti gehörte, am Ebroufer bei La Zaida. Dort lernte sie die Grundsätze der Anarchisten kennen. Nachts riefen sich die Milizsoldaten mit den Putschisten auf der anderen Seite des Flusses Nachrichten aus ihren Dörfern zu. Die Feindlinie verlief durch die Familien.
Pavel hatte mit der POUM, einer antistalinistischen Gruppe, die den

Trotzkisten nahe stand, Kontakt aufgenommen. Er überredete Clara, den unmittelbaren Kampf aufzugeben und mit ihm in journalistischer Tätigkeit durch Spanien zu reisen. So erhielten sie direkte Einblicke in die politischen Ereignisse, den Fortgang des Krieges und die Schaffung einer libertären Gesellschaftsorganisation (1) in den Dörfern und Städten. Sie gerieten auch in die gewaltsamen Auseinandersetzungen mit den Kommunisten, die hinter der Front ihren eigenen Krieg führten gegen die „Konföderalen", wie sie in Spanien hießen, also die Anhänger einer libertären Gesellschaft. Sie wurden schließlich vom russischen Geheimdienst GPU verhaftet, zehn Wochen lang in einem Sondergefängnis in Valencia inhaftiert und konnten mithilfe der Schweizer Botschaft befreit werden. Sie verließen Spanien, als alle freiheitlichen Ideen untergegangen waren und die Republik im Endkampf ums Überleben von einer Niederlage in die andere stürzte.

Augustin Souchy ging 1911 mit 19 Jahren nach Berlin, um sich den Anarchisten anzuschließen, die für die Bekämpfung des Militarismus arbeiteten. Er wurde mehrfach verhaftet, 1917 in Schweden, wo er während der Haft ein Buch über Gustav Landauer schrieb. Wieder in Deutschland, wurde er Beauftragter der FAUD (Freie Arbeiter Union Deutschland) und bereiste als solcher 1920 Russland, wo er unter anderem Victor Serge, Wollin, Lenin und schließlich Kropotkin traf. Er verbrachte ein Jahr als Auslandskorrespondent in Paris und arbeitete bis 1929 in Berlin für die FAUD und als Redakteur des „Syndikalist". 1929 fuhr er als Vertreter der syndikalistischen Internationale zu einem Kongress nach Argentinien und hielt Vorträge in Uruguay. Mit dem Erstarken der Nationalsozialisten gründete er eine Widerstandsgruppe in Berlin. Als jedoch nach dem Reichstagsbrand 1933 Erich Mühsam verhaftet wurde und Souchy einem Überfall von drei Männern vor seiner Haustür nur knapp entkam, packte er die Koffer und verließ Deutschland. Vom Zug aus sah er seinen Steckbrief an den Bäumen hängen.
Er war mit einer Pariserin verheiratet und fühlte sich dort zu Hause, arbeitete für die ausländische, vor allem schwedische Presse.
Nachdem ihn im Juli 1936 in Barcelona der Putsch Francos von einer Friedensveranstaltung abhielt, wollte er sich bei den Milizen melden, wurde aber abgelehnt (weil er nicht schießen konnte). Seine Waffe sei

das Wort, wurde ihm gesagt. Im August reiste er nach Paris, um bei der Regierung Léon Blum (2) Waffen für Spanien zu erbitten und erhielt eine Absage. Im gleichen Jahr besuchte er etwa 100 „Colectividades" in Katalonien, Aragonien und der Levante. „Es war eine Agrarreform eigener Art, so etwas hatte es vorher noch nirgends gegeben; ohne Gesetz, ohne Befehl von oben, ohne Zwang und ohne Theoretiker, ganz und gar der Initiative der Landbevölkerung selbst entsprungen. Das war die Sozialrevolution, von der ich seit meiner Jugend geträumt hatte." (3)

Er erlebte im Mai 1937 die Angriffe der Kommunisten gegen die Anarchosyndikalisten. Die Führung der syndikalistischen Gewerkschaft CNT und auch Souchy rieten von einer bewaffneten Verteidigung ab. Noch einmal reiste er ins Ausland, um über die bedrückende Lage des Spanischen Krieges zu informieren. Die Luftangriffe Francos auf Barcelona im Sommer 1938 waren die ersten Zeichen für den nahenden Untergang. Am 25. Januar 1939 sprang er auf einen von Flüchtlingen überladenen Lastwagen und verließ Barcelona. Beim Versuch, ein herunterfallendes Kind zu retten, fiel er selber und brach sich einen Arm. In Gerona war kein Arzt mehr zu finden. Er schaffte es bis zur Grenze, kurz bevor sie geschlossen wurde und konnte sich, ohne in ein Lager gesperrt zu werden, nach Paris durchschlagen. Er arbeitete gleich weiter als Korrespondent.

Als im September der Krieg gegen Deutschland ausbrach, wurde er interniert, kam schließlich in ein Lager an der bretonischen Küste. Die Deutschen waren schon in Sichtweite, als es ihm gelang, den Lagerkommandanten zu überreden, das Lager zu öffnen. Er floh nach Marseille. Mexiko nahm die nach Frankreich geflohenen spanischen Republikaner auf. Da Souchy einen spanischen Pass besaß, konnte er nach Mexiko ins Exil gehen, wo er die nächsten zwanzig Jahre verbrachte. Er schloss sich dort einer Gewerkschaftsbewegung an, die dem Anarcho-Syndikalismus nahe stand, hielt Vorträge und half bei der Bildungsarbeit. In den folgenden Jahren reiste er viel, er war zu einem Spezialisten für „wirtschaftliche Neuerungen in Revolutionsländern" geworden. Kuba, in Israel die Kibbuzim, aber vor allem Südamerika.

Er nahm für seine Vorträge in den Gewerkschaften kein Geld, aber oft mussten sie ihm die Reise bezahlen. Durch seine journalistische Arbeit verdiente er gerade so viel, dass er wohnen und essen konnte.

Mit 71 Jahren nahm er das erste Mal in seinem Leben eine Anstellung an (für drei Jahre), beim Internationalen Arbeitsamt für Arbeiterbildung in den sogenannten Entwicklungsländern.

Auch nachdem er 1974 wieder nach Deutschland zurückkehrte, reiste er weiter umher, schrieb ein Buch über Südamerika und 1977 seine Autobiografie „Vorsicht Anarchist! Ein Leben für die Freiheit".

Auf der Spanienreise mit Clara Thalmann und der Medienwerkstatt hatte der Prozess seiner Erblindung schon begonnen. Aus Spanien zurückgekehrt, arbeitete er mit dem letzten Augenlicht, das ihm blieb, an der Biographie über Erich Mühsam. Dann starb er, am 1. Januar 1984.

Die gefilmte Reise von Clara und Augustin nach Spanien zeigt das große Interesse der beiden am Fortgang der Geschichte: Wie hatte sich das Land durch Franco verändert? Was haben die ehemaligen republikanisch gesinnten Einwohner erlebt? Aber in den Gesprächen mit alten Menschen aus den Dörfern, in denen es landwirtschaftliche Kollektive gegeben hatte, waren sie auch gespannt darüber zu sprechen, wie damals alles anfing. Und ob die Alten sich daran erinnerten. Clara und Augustin mussten erfahren, wie radikal die Faschistische Diktatur das Gedächtnis ausgelöscht hatte und wie viel Angst auch 1983 noch bestand, überhaupt frei zu reden.

Im Film (4) sieht man Clara und Augustin manchmal heftig streiten. Souchy gehört zu den Syndikalisten, also den Anarchisten, die sich eine Gesellschaftsordnung ohne Staat und Parteien vorstellen, deren Organisation von unten über Gewerkschaftsverbände erfolgt. Souchys Überzeugung ist: „Das Ziel des antiautoritären Sozialismus kann weder durch Gewalt noch durch autoritäre Programmierung erreicht werden." Und obwohl er sich zu den Milizen hatte melden wollen, vertritt er das Prinzip der Gewaltlosigkeit. Gewalt ist in seiner Vorstellung von Anarchismus nur zur Verteidigung erlaubt. Darüber streiten sie sich. Clara ist keine Theoretikerin, sie ist ganz von ihren Erfahrungen geprägt und argumentiert im Film emotional und leidenschaftlich, während Augustin sich als Historiker versteht, der die Geschichte aus einer Meta-Position beurteilt.

Natürlich bricht auch immer wieder die Frage auf: Was waren die Fehler, wieso konnte der Krieg gegen Franco nicht gewonnen werden?

Nachdem ich den Film gesehen hatte, wusste ich, dass ich Clara Thalmann kennen lernen wollte, um ein Buch über sie zu schreiben. Ich war in der Frauenbewegung und im Sozialistischen Büro (5) aktiv und hatte gerade mein zweites Buch veröffentlicht. Ich wollte über Frauen schreiben, die die gesellschaftlichen Behinderungen aufgrund ihres Geschlechtes nicht akzeptierten, sondern sich mit Mut und Leidenschaft für ihre Interessen engagierten. So stürzte ich mich zunächst in das Studium der Geschichte des Anarchismus in Spanien.
Als ich Clara schließlich im Herbst 1986 in Nizza besuchen konnte, war sie schon von ihrer Krebserkrankung gezeichnet.

Nach ihrer Befreiung aus der Haft in Spanien reisten Clara und Pavel Thalmann nach Paris, wo sie sich in einem Hilfskomitee für Spanienkämpfer betätigten. Sie erfuhren, dass sie nicht in die Schweiz zurück konnten, da sie dort wegen „Anwerben und Dienen in einer fremden Armee" verurteilt waren (6). Sie erhielten Arbeit in einem Dokumentationsbüro für deutsche Emigranten.
Nach dem Ausbruch des Krieges gegen Hitler meldete Pavel sich freiwillig in der Schweiz und wurde zu einer Bewährungsstrafe verurteilt. Nach 99 Tagen Armeedienst kehrte er zurück nach Paris. Sie engagierten sich in der Hilfe für die in Lagern internierten spanischen Emigranten. Als Hitler die Stadt einnahm, gehörten sie zu dem Strom der Millionen Flüchtenden, kehrten aber bald nach Paris zurück. Ihre Wohnung wurde nun zur Anlaufstelle vieler in Paris verfolgter jüdischer Flüchtlinge. Sie gründeten eine eigene Widerstandsgruppe, weil ihnen die französische Résistance zu nationalistisch vorkam.

Nach dem Krieg zogen sie in den warmen Süden, nach Nizza, versuchten mit Nelken und journalistischer Arbeit ihr Leben zu verdienen. Bald wurde die „Serena" ein Ort, an dem sich alte und junge Libertäre und Linke verschiedener Sparten trafen.
1981 war Pavel an Krebs gestorben.

Als mein Lebensgefährte und ich Clara besuchten, war sie umgeben von Freunden und anderen Reisenden, und sie war bereit, mir ihr Leben und vor allem ihre Erfahrungen in Spanien zu erzählen.

CLARA THALMANN UND DIE AUTORIN

Ein geplanter zweiter Aufenthalt wurde durch ihren Tod im Frühjahr 1987 verhindert.
Wir machten uns im Februar 1988 mit unserem kleinen Sohn (in Nizza war ich hochschwanger gewesen) auf eine Jahresreise, um ihren Spuren zu folgen, erst nach Basel und über Nizza nach Katalonien.

Dort begann ich den Roman über sie zu schreiben: „Ein leidenschaftliches Interesse am wirklichen Leben". Wir bereisten die Orte an der spanischen Front von Aragonien, an denen Clara gewesen war.

Wir kehrten nach unserem Jahr in Spanien ein bis zwei Mal jährlich dorthin zurück, um in der Nähe von Gerona Psychotherapeutische Workshops zu leiten. Doch als unsere Pläne, ganz in den Süden zu ziehen, Gestalt annahmen, entschieden wir uns gegen Katalonien. Die katholisch geprägten Schulen und die stärker werdende Tendenz der Katalanen zum Nationalismus gaben den Ausschlag, uns in Südfrankreich niederzulassen.

Nachdem wir 1997 Deutschland den Rücken gekehrt hatten, lernten wir in Uzès den Tonbildhauer Serge Castillo und seine Frau Michelle kennen. Da uns seine Skulpturen faszinierten, überredeten wir ihn dazu, in unserem Seminar- und Ferienhaus Kurse zu geben.

Serges spanische Mutter war mit ihren Eltern 1939 aus Barcelona geflohen, sein Vater stammte aus Andalusien, er hatte bei der republikanischen Armee gegen Franco gekämpft, ging mit der Retirada über die Pyrenäen und wurde im Camp Argelès eingesperrt. Später beteiligte er sich am Widerstand gegen die deutschen Faschisten. Er wurde von den Deutschen verhaftet und in das KZ Neuengamme bei Hamburg deportiert, von wo er 1945 befreit wurde.

2014 besuchten Serge und Michelle uns in unserem neuen Ferienhaus im Luberon. Sie berichteten von der Organisation der Töchter und Söhne der republikanischen Spanienkämpfer FFREEE, die jedes Jahr Ende Januar ein Erinnerungstreffen veranstaltet zur „Retirada", wie die Flüchtlingsbewegung genannt wird, der Rückzug. Die Eltern dieser Mitglieder waren nach der Flucht aus Spanien an den Stränden Roussillons inhaftiert worden.

In meinem Buch über Clara Thalmann (7) sucht einer der Protagonisten nach dem Verbleib seines Vaters, der bei den Internationalen Brigaden gekämpft hatte. Nach dem Spanienkrieg waren er und seine Mutter am Strand von Argelès im Lager eingesperrt. Als ich damals über die Lager recherchierte, gab es nur sehr wenig Literatur dazu. Um so mehr freute ich mich, jetzt auf eine Organisation der Nachfahren zu stoßen, bei der ich umfangreiches Material fand.

Wir verbrachten seit einigen Jahren regelmäßig unseren Urlaub im Französischen Katalonien und hatten dabei auch die kleine Stadt Elne entdeckt, südlich von Perpignan. Wir wurden aufmerksam auf eine Ausstellung in der „Maternitée d'Elne", einem ehemaligen Geburtshaus. Dort hatten Frauen der Schweizer Hilfe nach der Niederlage gegen Franco eine Geburtsstation für spanische Frauen in den Lagern am Strand eingerichtet. Nicht nur wurden hier 600 Kinder zwischen 1939 und 1942 geboren, das Haus diente auch den unterernährten und hoffnungslosen schwangeren Frauen als Oase, in der sie inmitten des Infernos Zuwendung erhielten.

Serge machte uns bekannt mit dem früheren Präsidenten von FFREEE, Serge Barba, der ein Buch über die „Retirada" geschrieben hatte. Er wurde 1941 in dem Geburtshaus in Elne geboren.

Plakat von Carlos fontseré (1916-2007)
Plakatmaler, Spanienkämpfer, Anarcho-syndikalist

Teil I

Widerstand, soziale Revolution und Unterwerfung

Spanien vor der Republik 1931

Die Entwicklung auf der iberischen Halbinsel hat mehrere Besonderheiten im Vergleich mit dem Rest Europas.
Die Halbinsel liegt am äußersten, süd-westlichen Rand Europas und ist von Wasser umgeben, das Band der Pyrenäen ist die einzige Nahtstelle. Die Metropolen Europas – Paris, Berlin, Prag, Wien befinden sich weit entfernt. Die Iberische Halbinsel liegt andererseits sehr nahe an Nordafrika.
Die politische und kulturelle Entwicklung Spaniens wurde durch die arabische Herrschaft besonders geprägt. Über fast 800 Jahre, 711 bis 1493, hatten sich die Sarazenen hier festgesetzt. Während eines Großteils dieser Zeit lebten Muslime, Christen und Juden friedlich nebeneinander und beeinflussten sich in ihrer Kultur und den Wissenschaften gegenseitig. Die arabische Kultur war der in Zentral-Europa weit überlegen.
Gleichzeitig war die muslimische Herrschaft der katholischen Kirche und dem Papst ein besonderes Ärgernis. Erst im 15. Jahrhundert gelang es der spanischen Krone, die Sarazenen endgültig zu vertreiben. Christliche Kirchen wurden in die kunstvollen, arabischen Moscheen gebaut, die wirtschaftlichen Fortschritte zerschlagen. Durch die Heirat von Fernando von Aragonien mit Isabella von Kastilien konnte die spanische Einheit hergestellt werden.
Es war der Beginn der Inquisition. Alle, die sich nicht zur katholischen Kirche bekannten, oder die verdächtigt wurden, anderen Glaubens zu sein, wurden gnadenlos verfolgt, gefoltert, eingekerkert und umgebracht. In Frankreich, der Schweiz, Italien und Deutschland wurde die Reformation zwar verfolgt und ihre Anhänger verbrannt, aber sie konnte nicht ausgemerzt werden. Der Widerstand gegen die Macht der katholischen Kirche und die damit einhergehende Öffnung des Geistes wurden weitergetragen. In Spanien dagegen gab es keine Reformation.
In den folgenden Jahrhunderten waren die katholische Kirche, der Adel, die Großgrundbesitzer und das Militär die untereinander verwobenen mächtigen Säulen, die das Volk beherrschten, ausbeuteten und in Schach hielten. Auch die Meere wurden von der spanischen Krone beherrscht,

die Entdeckerreisen von ihnen finanziert. Die spanische Kolonialmacht war die erste und größte der Welt. Das geraubte Gold aus Amerika und der Sklavenhandel berauschten die spanische Wirtschaft. Dadurch wurde andererseits die Wirtschaft im Lande nicht weiterentwickelt.
Gleichwohl gab es Widerstand, Sklavenaufstände und Aufstände der Leibeigenen in Katalonien. Die Zunft der Handwerker erhob sich gegen die Fürsten und wurde niedergeschlagen. Aber erst im 19. Jahrhundert wurde die Wut gegen Adel, Kirche und Großgrundbesitz zunehmend organisiert geführt.
Die spanischen Arbeiterorganisationen waren von den französischen Sozialisten beeinflusst. Die Ideen eines föderativen, freiheitlichen Sozialismus von Pierre-Joseph Proudhon verbreiteten sich. (1)

1855 war ein Generalstreik gegen den Militärgouverneur Zapatero, der die Wohlfahrts- und Unterstützungsvereine der Arbeiter verboten hatte, erfolgreich, die Arbeiterorganisationen erhielten gewisse Rechte. Die Arbeiterbewegung Spaniens stand in engem Kontakt mit der Londoner Internationalen Arbeiter Assoziation (IAA), die 1864 gegründet wurde. Diese sogenannte Erste Internationale bestand aus Vertretern diverser sozialistischer Gruppen aus verschiedenen Ländern, die kein übereinstimmendes Konzept besaßen. Anlässlich eines Aufstandes im September 1868 in Spanien sandte Bakunin den Italiener Guiseppe Fanelli dorthin. Dieser rief in Madrid und Barcelona Sektionen der Allianz der sozialen Demokratie ins Leben. Es war der Anfang der anarchistisch-syndikalistischen Bewegung in Spanien. (Syndikalistisch bedeutet gewerkschaftlich)
In der ersten Internationale kam es zu einer Spaltung aufgrund des nicht zu überbrückenden Konfliktes zwischen Karl Marx und Michail Bakunin (2). Dabei ging es um die eigene Organisationsform und damit zugleich um die Vorstellungen, wie eine zukünftige Gesellschaft organisiert sein sollte. Marx war für eine Organisation der Arbeiterparteien in den Einzelstaaten unter zentralistischer Führung der Internationalen. Bakunin vertrat eine strikte Herrschaftslosigkeit, also eine Organisation von unten nach oben. Über einige Jahre tagten beide Internationalen jeweils getrennt voneinander, die sogenannte autoritäre und die antiautoritäre. (Die erste löste sich 1876 auf, die zweite 1881) (3)

Nach dem Bruch zwischen Marx und Bakunin blieben die Spanier Bakunisten.

Die spanischen Anarchisten bekannten sich zur Abschaffung des Privateigentums, zur Errichtung von Kollektivwirtschaft in freien, unabhängigen Kommunen, zum Atheismus. Die Kommunen sollten in freiwilligem Zusammenschluss untereinander verbunden sein. Sie sprachen sich gegen die Diktatur des Proletariats aus und gegen die Eroberung des Staates.

Die Pariser Kommune 1871 bewirkte einen Aufschwung der syndikalistischen Bewegung. (4)

1876 wurde unter Alphonse XII eine neue Konstitution verabschiedet und eine parlamentarische Regierung eingerichtet, die allerdings noch weit entfernt von einer bürgerlichen Demokratie war. Die Minister wurden vom König ernannt, der auch die gesetzgebende Gewalt behielt.

Die anarchistischen Gewerkschaften arbeiteten bis zu der liberalen Regierung von 1881 im Untergrund. Sie kämpften für den 8-Stunden-Tag. Anfang des 20. Jahrhunderts entstand eine Bewegung für freie Schulen. Etwa die Hälfte der Bevölkerung waren Analphabeten. Schulen und Erziehung waren in katholischer Hand, und es gab viel zu wenige Schulen. Die Kirche verhinderte systematisch die allgemeine Bildung. Die Unwissenheit des Volkes kam auch den Reichen zugute. Einer der Verfechter von freien Schulen war Francisco Ferrer. Bei der Aushebung für den Marokko-Krieg 1909 kam es vor allem in Barcelona zu schweren Unruhen. Die Arbeiter und Bauern wollten sich nicht für die Interessen der Imperialisten opfern. Ferrer wurde, obwohl er während der Unruhen gar nicht in Barcelona war, zum Tode verurteilt.

1911 bildete sich auf einem Kongress aller freiheitlicher Gruppen die CNT – Confederation National del Trabajo. Vor allem nach dem Krieg erhielt sie einen starken Zustrom. Die Anarcho-Syndikalisten verfolgten ihre Strategie der direkten Aktion: sie organisierten Streiks, Generalsstreiks, regionale Revolten.

1917 wurden sechs Sozialdemokraten in die Cortes gewählt (spanisches Parlament). In Nordspanien und Madrid waren die Sozialdemokraten stark vertreten, die Anarchisten in Andalusien, Aragonien, Katalonien. Nach der Niederlage in Marokko 1921 gelang es Primo de Rivera zusammen mit den Franzosen, doch noch über die Marokkaner zu siegen.

Das gab ihm genügend Rückhalt, um 1923 einen Putsch durchzuführen und eine Militärdiktatur zu errichten mit Zustimmung von Alphonse XIII. Er schaffte alle bürgerlichen Rechte ab, verbot die katalanische und baskische Sprache, verfolgte die Anarcho-Syndikalisten und Kommunisten. Nach einiger Zeit näherte er sich den Sozialdemokraten an, um sich mehr Legitimität zu verschaffen. Largo Caballero, der Vorsitzende der Sozialdemokraten, fand sich bereit, mit dem Diktator zusammen zu arbeiten, damit die UGT, die sozialdemokratische Gewerkschaft, mehr Zulauf erlangte, während die CNT verboten war.

Der Widerstand gegen die Diktatur wuchs, 1930 gab Primo de Rivera auf und starb wenig später. Sein Nachfolger Berenguer unterwarf sich dem Drängen des Volkes und ordnete Wahlen an. In 46 von 60 Provinzen gewannen republikanische Vertreter. Alphonse XIII ging ins Exil, die 2. Republik wurde ausgerufen.
Sie wurde angeführt von zwei Ex-Monarchisten, Miguel Maura als Innenminister und Neceto Zamora als Regierungschef. Die Sozialdemokraten erhielten drei Ministerien, Largo Caballero wurde Arbeits- und Indalecio Prieto Finanzminister. Jeweils zwei Ministerien erhielten die Radikalsozialisten und die Radikalen, Manuel Azaña von den Republikanern und je ein Ministerium für einen Galizier und einen Katalanen.

Tiefgreifende Konflikte in der jungen Republik 1931-1936

Es waren in Spanien niemals, wie in anderen Ländern, Landreformen durchgeführt worden. In Nordspanien und Katalonien gab es das Kleinbauerntum, das auf einem Pachtsystem beruhte. In Mittelspanien existierten viele kleine Höfe neben zahlreichen Großgrundbesitzern. In Andalusien gehörte das Land einer kleinen Anzahl spanischer Granden. Die adligen Großgrundbesitzer lebten in Palästen in Madrid, sie kannten ihr Land nicht, das sie Gutsverwaltern überließen. Das Land wurde nur zu einem geringen Teil bewirtschaftet, während die Massen kein Land besaßen. Die Landarbeiter besaßen nicht einmal einen Gemüsegarten, kein eigenes Huhn, keine Kuh. Sie zogen während der Arbeitszeiten auf das Gut, lebten dort unter miserablen Umständen und kehrten nach der Ernte in ihr Dorf zurück.

Gleich zu Beginn der republikanischen Regierung wurde deutlich, dass diese die Interessen des Großkapitals vertrat und der Großgrundbesitzer. Die Anarchisten, die sich nicht an Wahlen und nicht an der Regierung beteiligten, weil sie eine Gesellschaftsorganisation vertraten, die ohne Staat, aus freien, konföderierten Kommunen bestehen sollte, reagierten mit Streiks und Aufständen.

Neben der Frage der Landreform war eines der ersten Themen das Verhältnis von Kirche und Staat. Die Sozialisten und Linksrepublikaner wollten eine Trennung von Kirche und Staat, während die konservativen Parteien und gemäßigten Republikaner den Einfluss der Kirche und ihre Privilegien nicht verändern wollten. Die Kirche hatte vom Staat jährlich 67,4 Millionen Pesetas erhalten. Die Jesuiten legten ihr Vermögen so geschickt an, dass sie auch nach der Auflösung ihres Ordens die Aktienmehrheit bei vielen Banken sowie industriellen und kommunalen Großunternehmen behielten.
Während ein Großgrundbesitzer jährlich über 2000 Peseten verfügte, ein Kleinbauer in Kastilien über 102 Peseten, erhielt der Erzbischof von Toledo ein Jahresgehalt von 600 000 Peseten. Als ein Manifest des Erzbischofs gegen die Neuerer, in aufreizender Sprache geschrieben, in die

Öffentlichkeit gelangte, gingen in der folgenden Nacht Hunderte von Kirchen und Klöstern in Flammen auf.

Der Präsident der Republik, Zamora, trat zurück, weil ihm der schließlich ausgehandelte Kompromissvorschlag zur Kirche noch zu links war, Manuel Azaña wurde neuer Präsident.

Ein Gesetz zur Landreform sah vor, dass Agrarreform-Institute entscheiden, welches Land enteignet werden sollte. Sie waren aber mit zu wenig Geld ausgestattet, so dass die Reform nicht voran kam, und nach einem Jahr erhielt die Rechtspartei in der Cortes die Mehrheit und schaffte das Gesetz wieder ab. Es herrschte eine große Enttäuschung unter den Landarbeitern, und viele nahmen sich eigenmächtig brachliegendes Land, um es zu bebauen.

Seit dem Ende des 19. Jahrhunderts gab es die katalanische Linkspartei, die eher sozialdemokratisch eingestellt war, aber nationalistisch. Manchmal machte sie zusammen mit den Anarchisten Aktionen, obwohl diese nicht nationalistisch waren. Im ersten Jahr der Republik entbrannten heftige Auseinandersetzungen in der Cortes in Madrid um die Frage der Unabhängigkeit Kataloniens. Diese endeten damit, dass im September 1932 Katalonien eine gewisse Selbständigkeit erlangte und ein eigenes Parlament bilden durfte. Die Katalanen erhielten das Recht auf ihre eigene Sprache, eigene Gerichtsbarkeit, einen eigenen Präsidenten und eine unabhängige Polizei. Die katalanische Republik nannte sich Generalidad (Gemeinwesen).

Es kam zu häufigen Streikbewegungen auch unter den Industriearbeitern und immer wieder wurde versucht, Kollektivwirtschaft einzuführen, die von Seiten der Regierung zerschlagen wurde. Als im November 1933 Neuwahlen ausgeschrieben wurden, siegten die Rechtsparteien, da die Hälfte der Bauern und Arbeiter anarcho-syndikalistisch gesinnt war und sich nicht an den Wahlen beteiligte. Die katholische CEDA wurde die stärkste Partei, deren Anführer mit Hitler befreundet war.
Alle fortschrittlichen Gesetze wurden rückgängig gemacht, 19 000

Landarbeitern wurde das Land wieder weggenommen, das sie sich angeeignet hatten. Die Anarcho-Syndikalisten antworteten mit Streiks und Betriebsbesetzungen.
Der Vorsitzende der CEDA Robles versuchte einen ähnlichen Weg wie Hitler, er strebte eine faschistische Diktatur an. Im Oktober 1934 entzogen die Rechtsparteien der Cortes ihr Vertrauen, es mussten Neuwahlen stattfinden.

Die Sozialdemokraten und die katalanische Linkspartei wollten die Faschisten behindern, aber sie wollten keine soziale Revolution. In Asturien jedoch schlossen sich die Sozialdemokraten mit den Anarchisten zusammen während des Aufstands der Bergarbeiter. Die Anarchisten setzten überall die gemeinsam definierten Ziele durch, während die Sozialdemokraten auf Weisungen von oben warteten. Die Regierung in Madrid schlug den Aufstand mithilfe der Armee nieder, es gab 3000 Tote, 7000 Verwundete, und Zehntausend Arbeiter wurden in die Gefängnisse gesperrt.

Im April 1935 folgte eine Regierungskrise. Ein Korruptionsskandal führte schließlich zur Auflösung der Regierung und im Februar 1936 zu Neuwahlen. Der Rechtsblock mit Giles Robles an der Spitze stand gegen einen Linksblock aus der republikanischen Linkspartei, der Republikanischen Union, den Sozialisten, den Kommunisten. Da die Linksparteien die Amnestie der politischen Gefangenen mit auf dem Programm hatten, riefen die Anarchisten diesmal nicht zum Wahlboykott auf (von 30 000 Gefangenen waren 2/3 Anarcho-Syndikalisten). Das brachte der Linken 1 ¼ Millionen mehr Stimmen. Während die Rechten 4 Millionen Stimmen erhielten, fielen auf die Linksparteien 8 ¼ Millionen Stimmen. Die Koalitionsregierung einigte sich auf den Linksrepublikaner Quiroga als Präsidenten.
Die Kommunisten hatten zwar 14 Sitze errungen, besaßen zu der Zeit aber nur 3000 Mitglieder.
Zum ersten Mal kam eine Falange-Partei ins Parlament, unter dem Sohn des Diktators Rivera. Sie hatten Geld, Waffen, Lastwagen, Bomben, Maschinengewehre und terrorisierten sogleich die Stadtviertel.

Die Militärunion der Offiziere, zu denen Franco gehörte, tat sich zusammen mit den Falangisten, den Monarchisten und der katholischen CEDA. Die spanischen Faschisten hatten Kontakt aufgenommen mit Hitler und Mussolini, die ihnen Unterstützung zusagten. Die Putschvorbereitung lag in den Händen von Calvo Sotelo, Finanzminister unter Rivera.
Die Falangisten ermordeten einen sozialdemokratischen Jugendlichen. Daraufhin verübte die sozialdemokratische Jugend am 13. Juli ein Attentat auf Sotelo. Das war das Startzeichen für den faschistischen Putsch. Franco verließ die Kanarischen Inseln und begab sich nach Marokko.

Militärputsch und Bürgerkrieg 1936

Als die Truppen der Faschisten den Putsch am 19. Juli 1936 begannen, indem sie in allen Städten aus den Kasernen ausrückten und versuchten, die wichtigsten Punkte zu besetzen, hatten die Anarchisten und die Republikaner in den wenigen Tagen zuvor Kampfeinheiten gebildet unter Einbeziehung der republikanischen Teile des Heeres und der Guardia de Asalto (Polizei). Überall wurden Barrikaden errichtet und der Widerstand organisiert. Es waren aber nicht nur die in politischen Parteien oder Gewerkschaften organisierten Menschen, sondern große Teile der Bevölkerung, die sich gegen die Militärs wandte. Nach drei Tagen war der Militäraufstand in Barcelona niedergeschlagen, wenig später in ganz Katalonien. Teile des Militärs verließen die Kasernen und kämpften auf Seiten des Volkes. Den Soldaten hatte man gesagt, sie würden die Republik verteidigen. Als sie gewahr wurden, dass sie benutzt wurden, um die Republik zu stürzen, liefen sie auf die Seite der Straßenkämpfer über. In Sevilla siegten die Faschisten. Franco stellte in Marokko eine Armee zusammen, die in Sevilla anlandete. Die Deutschen schickten dafür Transportflugzeuge.
Burgos, Salamanca, Extremadura, Saragossa wurden von den Faschisten eingenommen. Madrid war am 20. Juli von den Faschisten befreit. In Toledo siegten 600 Anarchisten gegen 2000 Faschisten. In Guadalajara, auch in Valencia gelang es, die Faschisten zu vertreiben.

Trotz des Überraschungscoups der Generäle gelang es also dem anarchistischen und republikanischen Widerstand, den Putsch aufzuhalten. Die deutschen Faschisten unterstützten Franco gleich in den ersten Tagen. Göring stellte Franco ein deutsches Flugzeuggeschwader zur Verfügung.
Wo es im ersten Anlauf nicht gelungen war, die Faschisten zu besiegen, blieben sie dauerhaft. Franco rollte nun von Sevilla aus den Süden auf. Nach dem politischen Putsch folgte der militärische Feldzug. Francos Frontlinie reichte bald vom Mittelmeer bis Salamanca und Burgos.

Am 21. Juli, gleich nach der Niederschlagung des Putsches, lud der

katalanische Regierungschef Lluis Companys Vertreter der Anarcho-Syndikalisten in die Regierung ein. Er eröffnete ihnen: „Heute sind Sie die Herren über diese Stadt und Katalonien, denn Sie allein haben die faschistischen Militärs geschlagen." (5)
Tatsächlich gab es keine Polizei und keine republikanische Armee zu diesem Zeitpunkt, denn Polizisten und Soldaten waren sämtlich in die Arbeitermilizen eingetreten. Companys erkannte die faktische Macht der Anarcho-Syndikalisten an und erklärte sich bereit, ihnen die Regierung und seinen Posten als Katalanischer Präsident zu übergeben. Zum Erstaunen aller, die den Anarcho-Syndikalismus nicht verstanden haben, lehnten diese die Macht in Form der Regierungsgewalt ab. Jedoch entschieden sie sich zur Zusammenarbeit, statt, wie es ihren Grundsätzen entsprochen hätte, sie durch die basisdemokratische Organisation zu ersetzen.
Companys erklärte daraufhin, dass die Vertreter der verschiedenen politischen Richtungen im Nebenzimmer warteten, um ein gemeinsames Zentrales Milizenkomitee zu gründen.
Die Anarchisten beriefen ein Plenum der Regionalkomitees ein, auf dem die Beteiligung an dem Zentralkomitee beschlossen wurde.
Das zentrale Milizenkomitee setzte sich zusammen aus je 1 Vertreter der PSUC (Kommunistische Partei) und der POUM, 2 von der FAI, 3 von der CNT, 3 UGT, 1 Rabassaires-Union, und 4 für die republikanischen Parteien Esquerra und Republikanische Aktion Katalonien. Diese Verteilung ist deshalb bemerkenswert, weil sie die tatsächlichen Machtverhältnisse in keiner Weise widerspiegelt. Die ehemals sozialistische Gewerkschaft UGT war zum Organ der Kommunisten geworden, hatte aber zu dem Zeitpunkt wenig Gewicht. Die PSUC hatte im Juli 1936 nur 30 000 Mitglieder. Die CNT besaß zur gleichen Zeit mehr als 1 Million, bis 1938 wurden es 2 ½ Millionen Mitglieder.

Das Zentralkomitee der Milizen hatte die Aufgabe, alle mit dem Krieg gegen die Faschisten verbundenen Fragen zu organisieren. Zu diesem Zeitpunkt gab es fast nichts, was nicht mit diesem lebensbedrohenden Krieg zusammen hing. Das Milizenkomitee wurde zu einer Zweitregierung. Semprun-Maurer hält diesen Schritt Companys für einen geschickten Schachzug. Die Macht der Anarcho-Syndikalisten ließ sich

nicht leugnen. Sie an der Basis zu belassen bedeutete eine „unkontrollierbare Situation". In die Regierung waren die Anarchisten nicht zu bekommen, deshalb benötigte diese zunächst das Zentralkomitee.
Die kommunistische Führerin Dolores Ibárruri (6) wird später behaupten, die wilden, bewaffneten Anarchisten, unter ihnen der gefürchtete Durruti, hätten die im Nebenzimmer Anwesenden mit Waffengewalt zu dem Zentralkomitee der Milizen gezwungen, um die Macht zu übernehmen. Die Verteilung der Vertreter der politischen Gruppen spricht eine andere Sprache. .
Die Ziele der kommunistischen Partei zu diesem Zeitpunkt beschreibt Dolores Ibárruri ganz unverhohlen: „ Von Anfang an entfaltete sie (die PSUC), eine äußerst rege Tätigkeit zugleich gegen die Aufständischen und gegen die POUM-Mitglieder und die Anarchisten, die sich der Generalitätsregierung (der Katalanischen Regierung) durch Terror aufgezwungen, des größten Teils der Waffen der katalanischen Garnison, sowie der Fabriken bemächtigt hatten, die Straßen beherrschten und sich auf das Land ausbreiteten, wo sie eine Welle des Terrors und der Gewalt entfesselten, die die Bauern lähmte". (7)

Das Zentrale Milizenkomitee verteilte die vielfältigen Aufgaben an Unterkomitees: zum Beispiel das Versorgungskomitee, der Rat der Neuen Einheitsschule, die nach der Auflösung der Zivil- und Sturmgarde geschaffenen Kontrollpatrouillen, die Justizkomitees..
Doch das Zentrale Milizenkomitee spielte nur eine kurze Rolle, sozusagen als Übergangsregierung. Nach zwei Monaten wurde deutlich, dass die Doppelregierung überflüssig war und zu viel Energie vergeudete. So wurde das Zentrale Milizenkomitee aufgelöst und in die Regierung integriert. Die Anarchisten beteiligten sich seitdem an der Katalanischen Regierung. Vielleicht bemerkten sie es nicht oder wussten keinen anderen Weg: sie wurden eingebunden in den bürgerlichen Staat, den sie mit ihrer „wilden Demokratie" (Semprun-Maura) abschaffen wollten.
Wie weit dies gelang, zeigt vor allem das demoralisierende Eingreifen der anarchistischen Regierungsvertreter während der Maiereignisse 1937.

Am 4. September trat der Universitätsprofessor Giral als Präsident zurück. Der Sozialistenführer Largo Caballero bildete eine Volksfrontregierung mit allen Linksparteien inklusive der Kommunisten, da die Hoffnung bestand, Waffen aus Moskau zu erhalten. Augustin Souchy von den Anarcho-Syndikalisten reiste mit anderen nach Paris, um Leon Blum, den Präsidenten der dortigen Volksfrontregierung, dazu zu bewegen, den Republikanern Waffen gegen Franco zu liefern. Leon Blum war nach Aussage Souchys kein Handelnder, er wartete auf die Entscheidung aus England. Als Chamberlain sich für die Nicht-Intervention entschied, folgte Blum ihm, obwohl große Teile des französischen Volkes auf Seiten der spanischen Republikaner und der Revolution standen.

Die Anarchisten (die konföderierten Kräfte, wie sie genannt wurden) waren nicht mit in der Regierung, stellten aber die meisten Kampfeinheiten. 65 000 Frontkämpfer aus Madrid waren CNT-Mitglieder. Die konföderierten Einheiten hatten eine eigene Organisation. In den Milizen gab es keine autoritäre Hierarchie, die Offiziere trugen keine Rangabzeichen, schliefen in denselben Unterkünften wie die Milizsoldaten, aßen gemeinsam mit ihnen und erhielten ebensoviel Sold. Anstellte von Gehorsam und Disziplin setzten die Anarchisten auf die selbstbestimmte Entscheidung, die Kraft der Begeisterung und die solidarische Zusammenarbeit. Jede Entscheidung wurde gemeinsam diskutiert und abgestimmt. Durruti erklärte es so:
„Das Ziel unseres Kampfes aber bleibt der Sieg der Revolution. Und das bedeutet nicht nur den Sieg über den Feind, sondern auch, dass er durch eine radikale Veränderung des Menschen errungen werden muss. Damit diese Veränderung Wirklichkeit wird, muss der Mensch lernen, wie ein freier Mensch zu leben und sich wie ein freier Mensch zu verhalten – dabei entwickeln sich die Fähigkeiten zur Übernahme von Verantwortung und eine selbstbestimmte Persönlichkeit." (8)

Für die Anarcho-Syndikalisten war vom ersten Tag an der Kampf gegen Franco der Beginn einer sozialen Revolution. In jedem Dorf und auch in den Städten wurden Kollektive gegründet. Sie errichteten kollektiv geführte Waffenfabriken, Werkstätten zur Herstellung von Kleidern, Krankenhäuser, Bauernkollektive versorgten die Milizen mit Lebensmitteln. Die Anarchisten betreiben zwei Tageszeitungen in Madrid.

All das geschah spontan, ohne dass es Anordnungen oder Gesetze von oben diktiert hätten. Die Anarchisten hatten sich durch viele Aufstände der vorhergegangenen Jahre darauf vorbereitet, sie waren bereit, nicht nur zu kämpfen, sondern sich endlich ein anderes Leben zu organisieren. Diese Gleichzeitigkeit gab ihnen eine ungeheure Energie. Aber sie gingen zum Teil mit bloßen Händen in den Kampf, sie hatten zu wenig Waffen. Deshalb mussten sie mit Largo Caballero verhandeln und aus diesem Grund entschlossen sie sich, in die Volksfrontregierung mit einzusteigen. Am 4. November übernahmen sie vier Ministerien: Justiz, Gesundheit, Handel und Arbeit. Es gab heftige Kritik aus der Basis, und der Regierungsbeitritt sollte sich im Folgenden negativ auswirken. Die Grundsätze der Anarcho-Syndikalisten waren, sich nicht an Wahlen zu beteiligen und nicht an der Regierung. Deshalb waren viele über diesen Kompromiss enttäuscht.

Am 5. September beschloss die Regierung trotz anfänglich heftigem Widerspruch der Anarchisten, sich nach Valencia zu evakuieren, da Francos Truppen auf Madrid zu marschierten. Das führte zu großer Verunsicherung und Angst. Die Madrilenen fühlten sich allein gelassen. Aus allen antifaschistischen Organisationen wurde eine Madrider Verteidigungsjunta gebildet. Als die Faschisten in den Vororten standen, erhob sich das Volk. Frauen, Alte und Kinder bauten Barrikaden zusammen mit den Milizsoldaten. Madrid erhielt Verstärkung durch die Internationalen Brigaden und durch die Kolonne Durruti, die vorher am Ebro an der Aragon-Front gekämpft hatte. Der unerbittliche Kämpfer für eine libertäre Gesellschaft Buenaventura Durruti (9), der immer wieder für seine aufrührerischen Reden und Taten im Gefängnis gesessen hatte, fiel in Madrid unter nicht geklärten Umständen. Gerüchte behaupteten, dass die Kommunisten ihn erschossen hätten. Es war ein Erdrutsch für die Anarchisten, aber seine Kolonne kämpfte weiter und hielt zusammen bis zum bitteren Ende.
Madrid hatte schwer zu leiden und wurde gnadenlos bombardiert, doch ab Ende November waren die Faschisten vorerst zurückgeschlagen und konzentrierten sich auf eine andere Frontlinie.
Die Bedeutung der Internationalen Brigaden schätzte Augustin Souchy geringer ein als allgemein angenommen.

Sie bestanden überwiegend aus Flüchtlingen anderer faschistischer Länder. Die Anarchisten und Sozialisten hatten kein Interesse daran, Ausländer für die Kämpfe einzusetzen, sie hatten genügend Menschen, ihnen fehlten Waffen. Die Kommunisten dagegen waren so schwach, dass sie versuchten, über die kommunistischen Parteien des Auslands Menschen anzuziehen, um ihren eigenen Einfluss zu stärken.
In den ersten drei Monaten bewachten in Katalonien die Anarchisten die Grenze nach Frankreich, das geschah unter Garcia Oliver, dem späteren Justizminister. Sie ließen keine Kommunisten aus dem Ausland durch. Später ging Oliver in den Kampf, und sein Nachfolger ließ die Kommunisten herein. In Paris gab es ein Anwerbebüro. Nach einiger Zeit stellte der Chef der Auslandsabteilung fest, dass das Offizierkorps der Internationalen Brigaden aus linientreuen Stalinisten bestand.
Im August 1937 befanden sich von 20 000 Angeworbenen nur 8000 an der Front. Die Internationalen Brigaden funktionierten unabhängig, sie hatten eine eigene Intendantur und Gerichtsbarkeit. Da es zu ungerechten Strafen und hohen Geldausgaben kam, wurden die Brigaden aufgelöst und unter spanischen Offizieren in die Armee integriert.

Largo Caballero bemühte sich darum, aus Russland Waffen zu erhalten. Moskau schickte Instrukteure, Kanonen, Flugzeuge und Panzer. Bald dominierten russische Ratgeber den Generalstab des Heeres und bestimmten die Organisation nach herkömmlichem Muster. Es war der Beginn einer schleichenden Unterminierung. Viele, die überzeugt waren von den libertären Ideen und sich dafür in den Kampf geworfen hatten, wandten sich enttäuscht ab. Plötzlich galten Befehle mehr als gemeinschaftliche Entscheidungen, Gehorsam und Disziplin sollten solidarisches Handeln ersetzen, anstelle der Freiwilligkeit wurde die Pflicht gesetzt.
Die Kommunistische Partei, die bis dahin nicht im Volk verankert war, bekam durch die Besetzung der Posten ein ungeheures Gewicht.
Waffen wurden nur an Truppen gegeben, die von Kommunisten befehligt waren. Gleichzeitig wurde an vielen Stellen deutlich, dass es nicht mehr in erster Linie um den Sieg gegen Franco ging, sondern um das Renommee der Kommunisten. Als Caballero einen Angriff plante, um Francos Frontlinie zu teilen, benötigte er Flugzeuge aus Russland. Die

wurden nicht geschickt. In der Extremadura, wo der Angriff stattfinden musste, befanden sich überwiegend Republikanische und nicht Kommunistische Offiziere.

Als Anfang November Madrid bedroht war, erzählte ein Flugzeugtechniker aus Alicante Paul Thalmann, dass in Alicante mindestens fünfzig russische Flugzeuge stünden. Auf die erstaunte Frage, warum sie nicht eingesetzt würden, erklärte er: „Sie werden kommen, aber erst am 7. November, dem Jahrestag der russischen Revolution."
Und so geschah es.

Ein Brief von Stalin von September 1936 an die Madrider Regierung ließ keinen Zweifel an seiner Strategie: Er riet von revolutionären Maßnahmen ab, sprach sich gegen Enteignung von Privateigentum aus und gegen Landkooperativen. Das Kleinbürgertum sollte nicht vor den Kopf gestoßen werden.
Stalin fürchtete eine wirkliche Revolution, mit der ihm die Zügel aus der Hand genommen würden. Die Kollektivierung war allerdings schon ohne Zustimmung der Madrider Regierung in vollem Gange.
Die Kommunistische Partei hielt sich an diese Order. Das führte dazu, dass ehemalige Großgrundbesitzer und Geschäftsleute der Partei beitraten.
Vermehrt kam es zu Zusammenstößen zwischen Kommunisten und Anarchisten, aber besonders mit der POUM.

Von Andrés Nin, Joachim Maurin und Juan Andrade gegründet, galt sie als trotzkistische Vereinigung, obwohl die freundschaftlichen Kontakte zu Trotzki mit der Gründung auseinander brachen. Die POUM (Partido Obrero de Unificatiòn Marxista) war eine anti-stalinistische, marxistische, sehr kleine Arbeiterpartei, die die Kollektivierung der Anarchisten unterstützte und häufig mit ihnen gemeinsam kämpfte. Auch bildeten sie eigene Milizen, die ebenso auf der Grundlage der Gleichheit und Freiwilligkeit aufgebaut waren. Andrés Nin war Justizminister in der Katalanischen Regierung und wurde Anfang Dezember 1936 von den Stalinisten gezwungen, zurück zu treten. Andrés Nin zufolge war die Katalanische Regierung unter Louis Companys eine Schattenregierung. Er wusste, dass die eigentliche Macht bei den antifaschistischen

Milizkomitees lag, die aus Vertretern von FAI/CNT (10), UGT (11), POUM und den Sozialisten sowie den katalanischen Republikanern gebildet waren.

Seit Januar 1937 gingen die Kommunisten dazu über, die Kollektive gewaltsam anzugreifen. In Katalonien war nach dem 19. Juli die Staatspolizei ersetzt worden durch eine Kontrollpatrouille, die von den Arbeitern selbst bestückt war. Auch gegen diese richteten sich vermehrt die Angriffe der Kommunisten.

Die sogenannten Maiereignisse 1937 waren eine Folge der schon lange gärenden Konflikte. Auch der katalanische Innenminister war von den kommunistischen Strömungen erfasst. Am 3. Mai versuchten drei Mannschaftswagen der Polizei unter dem kommunistischen Sicherheitsdirektor, die seit den ersten Tagen der Revolution kollektivierte Telefonzentrale in Barcelona einzunehmen. Sie kamen nur bis ins Erdgeschoss. Nicht nur verteidigte sich der Bewachungsdienst (es war während der Siesta), die Nachricht von dem Überfall verbreitete sich in Windeseile, und ebenso schnell begann die Bevölkerung, Barrikaden zu bauen und sich in den Kampf gegen die Kommunisten zu begeben. Das Fass war übergelaufen. Ein spontaner Generalstreik ließ die Straßenbahnen stehen bleiben, die Geschäfte schlossen, alles begab sich auf die Straße. In dem sehr unübersichtlichen Kampf standen auf der einen Seite die katalanische Staatspolizei und Teile der Sturmgardisten, sowie die Partei der katalanischen Separatisten und die Kommunistische Partei, auf der anderen die FAI / CNT und die POUM.

Mit der Zentralregierung wurden in den folgenden Tagen Verhandlungen geführt. Die anarchistischen Vertreter in der Regierung versuchten per Radiosendungen ihre Mitglieder zur Mäßigung aufzurufen. Es war der Moment, in dem der Einfluss der Kommunisten hätte niedergeschlagen werden können.

Noch während der Verhandlungen wurden von den Kommunisten Liquidierungen durchgeführt. Zum Beispiel wurde der italienische Journalist einer antifaschistischen Zeitung Berneri entführt und erschossen. Am dritten Abend des Aufstandes forderten die anarchistischen Regierungsvertreter Federica Montseny und Garcia Oliver ihre Anhänger über den Rundfunk auf, den „Bruderkampf" zu beenden und die Arbeit wieder aufzunehmen. Es gelte vor allem, den Krieg gegen Franco zu gewinnen. Die anarchistisch gesinnte Bevölkerung traute ihren Ohren nicht. Viele zerrissen ihre Mitgliedsausweise. Die Argumentation, man könne nicht einen Zwei-Fronten-Krieg führen, wurde unter den Anarchisten kontrovers diskutiert und scheidet bis heute die Geister. Vor allem die Vereinigungen der „Freunde Durrutis" und der Libertären Jugend waren mit der Direktive von oben nicht einverstanden.

Die Folgen zeigten sich umgehend. Nun hatten die Kommunisten freie Hand, gegen die revolutionären Kräfte vorzugehen.

Soziale Umwälzung im Krieg: die Kollektivierungen

Nach dem Sieg über den faschistischen Putsch im Juli 1936 waren viele Unternehmer, Besitzer von Banken, Fabriken, Handelshäusern und Großgrundbesitzer ins Ausland geflohen. Überall, wo die Anarcho-Sozialisten und Republikaner gegen die Faschisten gewonnen hatten, begann die Bevölkerung, sich kollektiv zu organisieren. Das war in ganz Katalonien der Fall, in Aragonien, Kastilien, der Levante und Teilen Andalusiens.

Die Arbeiter kehrten nach dem Generalstreik in die Betriebe zurück und wählten auf einer Betriebsversammlung eine eigene Leitung, in der Regel bestand sie aus einem Betriebskomitee. Auch die Arbeit selbst wurde demokratisch organisiert. Die kollektivierten Betriebe waren nicht mehr Eigentum eines Einzelnen oder einer Aktiengesellschaft, auch nicht Staatseigentum, sondern Gemeineigentum. Die Arbeiter arbeiteten für die Gemeinschaft, nicht zur Bereicherung von einer Person oder einer Gruppe. Selbstbestimmte Arbeit bedeutete, dass über alles gemeinsam entschieden wurde, über das was produziert werden sollte, wie über das Produktionsverfahren, die Arbeitsverteilung ebenso wie über den Lohn. Natürlich wurden auch Fachleute gebraucht, die in der Regel vorhanden waren, oder man eignete sich das nötige Wissen schnell an.

Die Anarcho-Syndikalisten hatten auf einem Kongress der CNT in Madrid 1931 nach dem Sturz der Monarchie ein Programm verabschiedet, das für die Maßnahmen nach dem 19. Juli 1936 die Richtschnur vorgab. (12) Einige der wesentlichen Punkte waren die entschädigungslose Enteignung des Großgrundbesitzes und brachliegender Ländereien sowie aller Produktionsmittel, Überführung in Gemeineigentum, Kollektivierung der Arbeit. Verwaltung der landwirtschaftlichen Betriebe durch die Gewerkschaften, in die alle in der Landwirtschaft in freien Kollektiven Tätigen beitraten.
Dasselbe galt für die Industrie und die Kleinbetriebe.

Die Durchführung der Kollektivierung gelang den Anarcho-Syndikalisten nach dem Putsch relativ reibungslos, weil alle darauf vorbereitet waren. Es wurde niemand gezwungen mitzumachen. Wer von den kleinen Betrieben weiter privatwirtschaftlich arbeiten wollte, konnte das, wurde aber (nicht immer) von den gemeinschaftlichen Vergünstigungen ausgeschlossen.

In den ersten Tagen gab es auch gewaltsame Auseinandersetzungen. Das häufigste Argument, das gegen die Anarchisten der spanischen Revolution in den meisten Publikationen angeführt wird, ist die Ermordung von Priestern. Die jahrhundertelange Knebelung und Auspressung der einfachen Bevölkerung durch die katholischen Kirche, die Folterungen und Hinrichtungen der Inquisition, die subtilen Abhängigkeiten, der Missbrauch von Kindern entluden sich als ungezügelter Hass in den ersten Tagen der Revolution. Es wurden Kirchen in Brand gesteckt und Priester umgebracht, in der Regel diejenigen, die mit der Waffe in der Hand auf Seiten der Putschisten kämpften. Im Juli 1937 stellten sich die spanischen Bischöfe hinter Franco. Im August folgte ihnen der Vatikan. Die meisten Priester flohen, vor allem die Ranghöheren. In Barcelona gingen so viele Kirchen in Flammen auf, weil sie den Faschisten als Unterschlupf gedient hatten, von wo aus sie die Bevölkerung beschossen. Aber es gab auch Priester, die sich auf die Felder begaben und den Bauern bei ihrer Aufbauarbeit der Kollektiven halfen.
Bald wurden die Kirchen als Versammlungs- und Kulturhäuser genutzt. Nach wenigen Tagen hatten sich die Grundsätze des Anarchismus durchgesetzt: die Aufhebung von Machtstrukturen durch Freiwilligkeit und Gleichheit aller.

Jeder Betrieb (in Katalonien war es vor allem die Metall-, Holz- und Textilindustrie) entschied autonom. Es wurden keine allgemeinen Regeln ausgegeben, wobei ein Einverständnis darüber bestand, dass der Lohn erhöht und angeglichen werden sollte, und die Arbeitszeit auf zwischen 36 und 40 Stunden reduziert.
Die öffentlichen Dienste waren in Spanien oft in privater Hand und wurden beschlagnahmt. So wurde in Barcelona das Verkehrswesen kollektiviert (Straßen- und U-Bahn, Busse), die Eisenbahn und die Schiffs-

agenturen. Ebenso die Telefongesellschaft, die Wasser- Gas- und Elektrizitätswerke. Aber auch Ballet- und Filmbetriebe, die Theater und Variétés. Gehörte ein Betrieb einem ausländischen Konzern, durfte er laut Katalanischer Regierung nicht kollektiviert werden. In diesem Falle wurde eine Arbeiterkontrolle eingesetzt, die praktisch dasselbe durchführte, wie in kollektivierten Betrieben: Die Direktoren wurden abgesetzt oder erhielten einen normalen Arbeitsplatz bei gleicher Bezahlung.

Es waren nicht nur die großen Betriebe, die sich kollektiv organisierten, sondern auch die kleinen Handwerksbetriebe und der Einzelhandel. Sie schlossen sich in Gewerbeverbänden (Gewerkschaften) zusammen und organisierten gemeinsam die Arbeit. Zum Beispiel die Friseure traten mit ihren Angestellten und Lehrlingen in die Friseur-Gewerkschaft ein und hörten auf, Herr und Knecht zu sein. Sie beschlossen, die unrentablen Geschäfte zu schließen und die rentablen auszubauen, dabei wurden alle Arbeitskräfte weiter beschäftigt. Alle erhielten den gleichen Lohn. Die Geschäftsbesitzer wurden nicht entschädigt.
Paläste und Luxusvillen wurden zu Krankenhäusern, Schulen und Kindergärten, Kirchen zu Versammlungshäusern.

Die allgemeine Durchführung einer kollektiven, nicht kapitalistischen Wirtschaft erforderte unter den Bedingungen des Krieges eine besondere Leistung. Augenzeugen bestätigten, dass viele Betriebe effektiver arbeiteten unter der Kollektivierung, so das Verkehrswesen, aber auch die Brotverteilung.
Die Regierung hatte eine Senkung der Mieten um 50 % beschlossen, die Tarife für Verkehrsmittel wurden drastisch reduziert, gleichzeitig die Löhne für die einfachen Arbeiter und Angestellten erhöht. Damit erlebte die Bevölkerung eine unmittelbar spürbare Erleichterung in ihren Lebensbedingungen. Gleichzeitig mit der gesteigerten Verantwortung und Selbstbestimmung am Arbeitsplatz entstand eine hohe Motivation, die schwere Lage zu überwinden. Später mit der Fortdauer des Krieges und den knapper werdenden Rohstoffen und Lebensmitteln verschlechterte sich die Lebenssituation.

Auf dem Land wurde die Kollektivierung von den Dorfversammlungen beschlossen. Jedes Dorf entschied, auf welche Weise die Bewohner miteinander arbeiten und leben wollten. Die Bauern trieben ihr Vieh zusammen und brachten ihre Arbeitsmittel. Sie verteilten die Arbeit, morgens früh zogen sie gemeinsam aufs Feld. Es war für die kleinen Bauern ein großer Vorteil, nicht mehr allein zu wirtschaften und für die Landarbeiter, nicht mehr abhängig zu sein. Nach dem ersten Revolutionsjahr waren die Erträge höher als zuvor. Obwohl sich viele Männer im Krieg befanden.

Der Gemeinderat wurde gewählt. Häufig hatten die Anarcho-Syndikalisten die Mehrheit, beteiligten aber Vertreter aus jeder anderen politischen Gruppe. Das Bürgermeisteramt wurde meist abgeschafft. Es wurden für die verschiedenen Verwaltungsaufgaben Komitees gebildet, die dann im Gemeinderat berichteten. Delegierte wurden nach einem bestimmten Rhythmus reihum bestellt. Die Kollektiven eines Dorfes waren im Wirtschaftsverband des Kreises vertreten, die Kreisvertreter wiederum im regionalen Wirtschaftsrat, der die zentralen Aufgaben regelte. Die Dörfer wollten weitgehend selbstbestimmt entscheiden, mit wem sie ihre Güter tauschten.

Die Geldfrage wurde sehr unterschiedlich geregelt. Häufig wurde ein Lohn bezahlt, manchmal ein Familienlohn, aber jede Arbeit wurde als gleichwertig angesehen. Anderswo wurden im Dorf Coupons eingeführt. Bei knappen Lebensmitteln waren sie an Waren gebunden (Brot, Fleisch). In anderen Dörfern wurde das Geld im Innenbereich ganz abgeschafft, und jede Person konnte sich nehmen, was sie brauchte. Oder Lebensmittel und Kleidung waren gratis, und jede Person erhielt eine Art Taschengeld für das persönliche „Laster" (Café-Besuch, Tabak, Kino). Auch die Kaffeehäuser waren Kollektiven ebenso wie die Mühlen, Bäckereien, Schlachter.

Die Gewerkschaften richteten eine Krankenkasse ein, die ärztliche Versorgung war gratis. In Spanien gab es vorher auf dem Land das System, dass jeder Bauer dem Arzt einen festen Jahreslohn zahlte, unabhängig davon, wie viel er ihn konsultierte. Die Summe bestand in der Regel aus dem Erlös eines Schweins, das der Bauer zu diesem Zweck ein Jahr lang aufgezogen hatte.

Gleichzeitig wurde großer Wert auf eine allgemeine Schulbildung für Kinder und auf Bildung der Erwachsenen gelegt. Schulgebäude mussten oft erst gebaut werden, die Schule fand so lange im Freien oder in einem leer stehenden Stallgebäude statt. Auch Bibliotheken und Kulturwerkstätten wurden eingerichtet.

In einigen Dörfern wurden je nach politischer Richtung verschiedene Kollektive gegründet. Weitgehend beteiligten sich die Sozialisten an den Kollektivierungen, allerdings ohne dass es einen Parteibeschluss dazu gab.
Diejenigen, die sich nicht an der Kollektive beteiligen wollten, die „Individualisten", bekamen ein Stück Land zugewiesen und arbeiteten privatwirtschaftlich. Dazu gehörten die „Rabassaires", Pächter und Kleinbauern, die sich in einer Union zusammengetan hatten, die der katalanischen Partei der *Esquerra* nahe stand. Im Januar 1937 schufen die CNT und die Rabassaires-Union eine Vereinbarung, nach der den ehemaligen Pächtern Land als ihr Eigentum zugewiesen wurde. Der Rest des Landes konnte kollektiviert werden. Sie sollten keine Arbeiter beschäftigen, um keine Ausbeutung mehr zu betreiben, sondern als Familienbetriebe arbeiten. Der private Land- und Viehbesitz wurde limitiert. Zum Beispiel in Oliete durfte niemand mehr als 20 Stück Vieh besitzen.
In Calanda in Aragonien gab es zwei Kaffeehäuser, eines war kollektiviert, dort tranken die Kollektivisten ihren Kaffee gratis. Das anderen gehörte einem Individualisten, dort mussten diese den Kaffee bezahlen.
In Caspe dagegen beschloss der Gemeinderat, dass alle Mieten abgeschafft würden, die Häuser gehörten der Kollektive, die sie auch wartete. Ebenso war Wasser und Elektrizität gratis, auch für die Individualisten.
In den Gemeinden standen die Polizeiwachen und Gefängnisse leer. Sie regelten ihr soziales Leben ohne Polizeigewalt.

In Valencia (damals Hauptstadt der Levante) wurde eine Bauernföderation der Landarbeiterkollektiven gegründet. Hier wurde die Verteilung der von den Kollektiven erwirtschafteten Güter organisiert. Jede Abteilung der Bauernföderation wurde von einem Delegierten geleitet. Zwei Mal wöchentlich tagte der Verwaltungsrat, die Kollektiven waren mit ihren Delegierten ständig im Austausch. Die Bauernföderation organisierte die Verpflegung der Front, der Krankenhäuser und anderer Regionen, die weniger oder anderes erwirtschafteten. Und es wurde auch ins Ausland exportiert. Ähnliche Bauernföderationen gab es in jeder Region. Da die Anarchisten sehr sensibel gegenüber Zwang und Anweisungen von oben waren, wurde sehr darauf geachtet, dass die Basis-Kollektiven alles, was ihre eigenen Belange waren, selbst bestimmten. Aber auch die weiteren Ebenen der Verwaltung wurden von unten kontrolliert.

Die Frauen unterlagen in Spanien der Tradition des Patriarchats. Ihre Domäne war das Haus, der Mann bestimmte und spielte die öffentlichen Rollen. In der anarcho-syndikalistischen Bewegung hatten die Frauen schon vor der Revolution begonnen, ihre Rolle zu hinterfragen und zu verändern. Die Gleichheit der Geschlechter war auch unter den Anarchisten keine Selbstverständlichkeit, von den sonstigen Linken ganz zu schweigen. Seit dem 19. Jahrhundert existierte eine Frauenbewegung.

„La Revista Blanca" war eine Zeitschrift, für die die spätere FAI/CNT-Abgeordnete Federica Montseny schrieb. Im April 1936 gründeten drei Frauen die Zeitschrift „Mujeres libres" (Freie Frauen) (13) Nach dem Sieg über den Putsch von Franco im Juli 1936 entstanden überall, vor allem in den Städten, „Mujeres libres"-Gruppen. In Madrid waren es 147 Gruppen, in der Region des Zentrums 13, in der Levante 28, in Aragonien 14... Insgesamt erhielt „Mujeres libres" 20 000 Mitglieder. Auf einem Kongress im August 1937 in Valencia kamen die Delegationen aus allen Gruppen zusammen und gründeten eine nationale Föderation.
„Mujeres libres" war eine Frauenorganisation innerhalb der Anarcho-Syndikalistischen Bewegung. Sie wollte die Frauen für die libertäre Bewegung gewinnen. In Kursen und Arbeitsgruppen hatten sie festgestellt, dass die meisten Frauen nicht in der Lage waren, sich auszudrücken, Standpunkte zu beziehen, sich mit Männern auseinander zu setzen über ihre Situation und Bedürfnisse.

Daraus war die Zielrichtung entstanden, Frauen zunächst zu schulen und auszubilden, damit sie ihre Emanzipation in die Hand nehmen könnten.

Es ging den Frauen von „Mujeres libres" darum, dass die Frauen sich aus der dreifachen Versklavung befreien: der Unwissenheit, der als Arbeiterin und der als Frau.

Durch den Krieg und die Revolution waren viele Frauen spontan aus ihrer traditionellen Rolle getreten und beteiligten sich an Barrikadenkämpfen. Zu Anfang wurden sie auch in den Milizen aufgenommen. Die „Mujeres libres"-Frauen gaben allerdings die Parole aus: „Die Männer an die Front, die Frauen an die Arbeit". Ihnen war die Unabhängigkeit der Frau durch die Arbeit das Wichtigste. Neben Schulen, Abendschulen, Kinderbetreuung organisierten sie mit großem Engagement die Zulieferung für die Front. Wie in allen Kriegen nähten die Frauen, strickten, kochten. Und diskutierten über die Frage der Erziehung, die Rolle der Familie im Anarchismus, über die freie Liebe.

Aus den Publikationen von „Mujeres libres" wird deutlich, dass es heftige Kontroversen zwischen Männern und Frauen bei den Anarchisten gab. „Mujeres libres" machte sich stark für die kollektive und die familiäre Erziehung, gegen autoritären Unterricht in den Schulen, für Koedukation.

In den Kollektiven standen die Frauen plötzlich zwischen den Männern und sollten auf den Vollversammlungen ihre Meinung sagen und mit diskutieren. Natürlich war diese Umwälzung, die bis tief ins Private hineinreichte, nicht in wenigen Monaten zu bewerkstelligen. Denn es ging nicht nur darum, dass die Frauen sich nach vorne trauten, sondern, dass die Männer sie auch frei gaben und ihnen zuhörten. Ausdruck fand dieses Ungleichgewicht zum Beispiel in der Höhe der Löhne. Augustin Souchy listet ohne Erstaunen die auf den Betriebsversammlungen bestimmten Löhne auf, bei denen die Männer besser abschnitten als die Frauen. Carlos Semprun-Maurer (14) dagegen (eine andere Generation!) ist darüber empört. Auch der Familienlohn begünstigt das Fortbestehen der Ungleichheit: Das Familienoberhaupt erhielt z. B. 5 Peseten pro Tag, jedes weitere Familienmitglied 2 Peseten. Wahrscheinlich hatte dieses System wenig Einfluss darauf, ob die Frauen sich gleichberechtigt fühlten oder nicht, aber es wurde doch das alte Denken weitertransportiert in den revolutionären Neubeginn.

Die Bewegung der Kollektivisierung war eine spontane, die von den Menschen selbst ausging. Auch die CNT/FAI hatte sie nicht durchgeführt oder angeleitet. Selbst als die Regierung begann, sie durch Gesetze zu legitimieren und gleichzeitig dadurch versuchte, sie an die Leine zu nehmen, und als die Kommunisten begannen, durch Diffamation und mit Gewalt, diese zu zerschlagen, war sie nicht aufzuhalten.

Durch die soziale Revolution war auf der Machtebene eine absurde Situation entstanden: Die eigentliche Macht lag bei den zahlreichen Komitees, die das soziale und wirtschaftliche Leben organisierten. Daneben blieb die republikanische Zentralregierung bestehen, der seit Anfang November auch vier Anarcho-Syndikalisten angehörten, und die zu gleicher Zeit nach Valencia geflüchtet war. In Barcelona existierte weiterhin die autonome, Katalanische Regierung unter Louis Companys von der Esquerra.

Stalins langer Arm

Es ist in den vorangegangenen Kapiteln bereits deutlich geworden, dass Stalin nichts daran lag, eine von den Massen entfachte und getragene Revolution in Spanien, die zu einer Kollektivierung der Wirtschaft und einer basisdemokratischen Gesellschaft führen sollte, zu unterstützen oder auch nur gut zu heißen. Der stalinistische Kommunismus war geprägt von einer zutiefst autoritären, zentralistischen Herrschaftsstruktur. Obwohl durch eine Massenbewegung hervorgerufen, erstickte der sowjetische Kommunismus (schon unter Lenin und Trotzki) anschließend mit menschenverachtender Gründlichkeit den Freiheitswillen der Menschen und jede Form von Autonomie, Selbstbestimmung oder Freiheit des Denkens.
Für eine totalitäre Diktatur ist nichts angstbesetzter als die Unkontrollierbarkeit. So machte die Bezeichnung der Kommunisten für die spanischen Anarchisten als „Die Unkontrollierbaren" deutlich, welche Gefahr sich hier für Stalin und die Stalinisten abzeichnete.
Die marxistische Theorie, nach der ein Land nach dem Feudalismus zunächst die verschiedenen Stadien des Kapitalismus durchlaufen müsste, bis es reif sei zur sozialistischen Revolution, wurde nur als Vorwand in die Debatte getragen. Stalin konnte keine libertäre Revolution, keine auf der Grundlage freiheitlicher Gemeinschaften organisierte Gesellschaft zulassen, wollte er sein diktatorisches Regime als notwendiges Übergangsstadium zum sozialistischen Paradies nicht nur der russischen Bevölkerung, sondern auch weltweit gegenüber den Anhängern der Kommunistischen Internationale verkaufen.

Es ging den Spanischen Kommunisten von Anfang an darum, so wie Dolores Ibarruri es schrieb, nicht nur die Aufständischen Faschisten unter Franco zurückzuschlagen, sondern vor allem die soziale Revolution zu zerschlagen oder deutlicher: zu liquidieren. Wie es einer kleinen Gruppe mit wenig Rückhalt gelingen konnte, die Macht zu übernehmen gegen die anarcho-syndikalistisch gesinnte Massenbewegung und mit Hilfe des bürgerlichen Lagers, ist ein Beispiel für die Kunst der Unterwanderung und der Propaganda, die die Kommunisten beherrschen.

Die internationale Schieflage kam ihnen dabei zugute: Mussolini und Hitler unterstützen Franco mit Flugzeugen und Soldaten, England und Frankreich dagegen versteckten sich hinter einem Nichteinmischungs-Beschluss. Das republikanische Spanien brauchte Waffen, um den Krieg gegen Franco gewinnen zu können. Moskau versprach Waffen, Munition, Schiffe, Flugzeuge. Die russischen Waffen wurden zur Zauberformel selbst für die Anarchisten. Moskau ließ sich die Waffen zwar teuer bezahlen, aber trotzdem behielten die Russen bzw. die spanischen Kommunisten die Kontrolle darüber, an wen sie ausgeteilt wurden. Und die Kontrolle sollte nach und nach noch viel ausgeprägter werden.

Juan Negrin, Finanzminister in der Regierung Largo Caballero, stand in engem Kontakt mit den russischen Stalinisten. Im Oktober 1936 ließ er den spanischen Goldschatz, 500 Tonnen, auf ein Schiff verladen, das nach Odessa fuhr. Caballero gegenüber behauptete er, er habe das Gold vor den anrückenden Faschisten in Sicherheit gebracht. Es war eine streng geheime Aktion. Vier Vertrauensmänner der Spanischen Bank begleiteten den Schatz, ohne zu wissen, wohin die Reise ging. Schließlich in Moskau angekommen, wurde das Gold registriert und gezählt, und auch danach ließ man die spanischen Bankbeamten nicht nach Hause reisen. Als die Familienangehörigen sich besorgt erkundigten, veranlasste Negrin deren Übersiedlung in die Sowjetunion, wo sie bis 1951 festgehalten wurden und schließlich in alle Winde über die Welt zerstreut ausreisen durften. Die mit der Zählung und Verwahrung betrauten russischen Bankdirektoren verschwanden, der Finanzminister wurde erschossen. Später schrieb eine russische Illustrierte über den erstaunlichen Zuwachs des Bestandes an Gold in der UDSSR, dass es aus sibirischen Minen stamme, in denen besonders eifrig gearbeitet würde.

Am Beispiel der Umwandlung der Milizen in eine reguläre Armee wird besonders deutlich, wie die kommunistische Infiltration Fuß fasste. Vor und während des Putsches der Franco-Generäle hatte sich die Bevölkerung überall im Land spontan zu den Milizen gemeldet. Wie schon erwähnt gab es nicht nur anarcho-syndikalistische Milizen, sondern auch welche aus den verschiedenen Linksgruppierungen. Ihnen gemeinsam war der antiautoritäre, basisdemokratische Geist. Die kleinste Gruppe bestand aus zehn Personen (zu Anfang Männer und Frauen), sie wählte einen Delegierten. Zehn Gruppen bildeten eine Hundertschaft, diese wählte auch einen Delegierten, mehrere Hundertschaften bildeten eine Kolonne, das oberste Organ der Kolonne wurde Kriegskomitee genannt, das auch gewählt war. Die Delegierten standen im ständigen Kontakt mit dem Kriegskomitee. Alle konnten abgesetzt werden, wenn sie die Beschlüsse der Basis nicht korrekt weitergaben.

Der Putsch wurde, außer in den oben genannten Städten im Süden und im Norden, von den Milizkolonnen niedergeschlagen, alle anfänglichen Kämpfe gegen die Armee und die Polizei, gegen faschistische Einheiten in den Städten und auf dem Lande wurden von den Milizen gewonnen. Trotzdem wurde bald von Regierungsseite und vor allem von der kommunistischen Partei die Ansicht verbreitet, ein Sieg über den Faschismus könne nur gelingen mit eiserner Disziplin, einer hierarchischen Rangordnung, Gehorsam und Untertanengeist, also einer Militarisierung der Milizen. Schon Anfang Oktober 1936 erließ die Regierung ein Dekret, nach dem eine Volksarmee gegründet und die Milizen militarisiert werden sollten.

Von Seiten der Milizionäre gab es heftigen Widerstand dagegen. „Wir wollen Milizionäre der Freiheit und keine uniformierten Soldaten sein" wurde auf einer Versammlung in Barcelona von zehntausend jungen Rekruten festgelegt, die sich weigerten, sich einziehen zu lassen und zu den Milizen gehen wollten.

Die Verwandlung der Anarchisten, die sich seit dem 4. November an der Zentralregierung beteiligten, erfolgte schnell. Anfang Dezember hielt der anarchistische Justizminister Garcia Oliver eine Rede, in der er seinen Genossen zurief, dass die einzige Möglichkeit, den Krieg gegen die Faschisten zu gewinnen, sei, „dieselben Methoden wie der Feind und vor allem Disziplin und Einheit anzuwenden". (15)

Die Methoden des Feindes anzunehmen, bedeutet, so zu werden wie das, was man bekämpfen und abschaffen will und ist der gravierendste Fehler vieler Revolutionen. Gerade in Spanien hatten die Menschen von Anfang an verstanden, dass die soziale Revolution und der Krieg gegen den Faschismus ein und derselbe Kampf waren. Der Krieg gegen die Faschisten war der Kampf gegen das Militär, den Adel, den Großgrundbesitz und das Kapital, gegen den autoritären Staat. Die Milizsoldaten hatten sich eben erst von der verhassten Hierarchie befreit, sie waren dabei, Verantwortung zu übernehmen, sich selbst zu leiten, genau wie alle Bauern und Arbeiter, Frauen und Männer, die sich in den Kollektiven ihre Aufgaben selbst stellten und gemeinsam ausführten.

Mit der Durchsetzung der Militarisierung einher ging die Parole: Erst den Krieg gewinnen! Die Angst vor den Faschisten war groß und der Zweifel, ob es gelänge, gleichzeitig einen Krieg zu führen und das soziale und wirtschaftliche Leben von Grund auf umzuwandeln, verständlich. Andererseits hatten die spontanen Kollektivierungen gezeigt, dass es möglich war. Und dass es das Einzige war, worum es für die Bevölkerung zu kämpfen lohnte: ein Leben in Freiheit. Die Mittel des Kampfes gegen die Faschisten hätten sich im Gegenteil zu dem, was Oliver vertrat, von denen des Feindes und aller vorhergehenden Kriege unterscheiden müssen. Dazu brauchte es Geist und Fantasie, verantwortliches Handeln in kleinen Gruppen, Überraschungsmanöver. Semprun-Maura nennt es Guerilla. Die freiheitlich gesinnte Bevölkerung war dazu bereit und in der Lage, nicht nur in Madrid.

Das Argument der Disziplin wurde überall angeführt, aber waren die Milizen denn undiszipliniert? Die Disziplin in einer regulären Armee bedeutet Kadavergehorsam, Ausschaltung des eigenen Denkens, autoritäre Führungsstruktur, Erschießung bei Befehlsverweigerung und Desertion. Aber es gibt auch eine selbst gewählte Disziplin.
In der Literatur werden für die Disziplinlosigkeit der Milizen oft diese Beispiele angeführt: dass eine Milizengruppe ihre Stellung verließ, um in einem Weinfeld Trauben zu pflücken, und als sie zurückkam, hatte der Feind die Stellung eingenommen, dass in der ersten Zeit des Krieges auf republikanischer Seite die Siesta eingehalten wurde, oder dass Milizionäre, die in der Nähe ihres Dorfes stationiert waren, nachts nach Hause gingen, um dort zu schlafen...
Dies sind Beispiele dafür, dass die Milizionäre Menschen geblieben waren. Außerdem ließen sich leicht hundertfach Beispiele finden, wo aufgrund von persönlichen Machtinteressen militärische Führer falsche Entscheidungen trafen und dadurch Tausende folgsamer Soldaten in den Tod trieben. Letztlich zeigt die Geschichte des spanischen Bürger-

krieges, dass nach der Durchführung der Militarisierung und der Auflösung der Milizen kein einziger Sieg errungen wurde.
Jedoch wurde ein anderer Sieg errungen.
Alle oberen Posten in der Armee wurden an spanische Stalinisten gegeben. Stalin schickte nicht nur Waffen, sondern auch Militärberater und Techniker. Diese hatten zwar keine Ahnung von der spanischen Situation und Geschichte, kannten Spanien nur von der Landkarte, aber nicht das wirkliche Gelände, doch sie hatten das Druckmittel in der Hand: Wenn ihr nicht macht, was wir wollen, schickt Moskau keine Waffen!
Als die Milizen eingegliedert wurden in die Armee, achtete man darauf, dass die Milizionäre aus verschiedenen politischen und gewerkschaftliche Gruppen gemischt wurden. Natürlich passte die autoritäre und zentralistische Organisation der Kommunistischen Partei am besten zur Hierarchie einer traditionellen Arme, so dass sich überall kommunistische Befehlshaber an die Spitze begaben.
Ab Dezember 1936 erhielten die Milizkolonnen, die sich weigerten, sich in die Armee einzugliedern, keine Waffen mehr. Die widerständigen Milizen befanden sich vor allem in Katalonien und an der aragonesischen Front. Largo Caballero, dem die kommunistische Unterwanderung zunehmend ein Dorn im Auge wurde, rückte wieder näher an die CNT/FAI und duldete die Weigerung der Milizen. Für eine Fortsetzung der Offensive an der aragonesischen Front, in der es darum ging, Saragossa zurück zu gewinnen, fehlten Waffen. George Orwell beschreibt in seinem Buch „Mein Katalonien" diese Situation. (16) Später nahmen sich die Kommunisten heraus, die anarchistischen Milizen dafür zu kritisieren und ihnen sogar Sabotage und Verrat vorzuwerfen, da der Kampf in Aragonien nicht voran kam.
War es nicht der Hauptgrund der Anarchisten gewesen, sich an der Regierung zu beteiligen, damit sie auch einen Zugriff auf die Verteilung der Waffen hätten?

Trotz aller Repression gelang es einigen Milizen-Kolonnen, weiterhin Widerstand gegen die Militarisierung zu leisten, so die „Eiserne Kolonne", doch nur bis März 1937, wo die Milizionäre sich gezwungenermaßen entschlossen, gemeinsam in die Armee einzutreten.
Die letzte Frau an der Front war Mika Etchebéhère. Sie war gebürtige

Argentinierin und durch die Heirat mit Hippolyte Französin geworden. Beide meldeten sich zu den Milizen im Juli 1936, doch Hippo fiel im zweiten Gefecht. Die Männer ihrer Einheit waren von ihr so begeistert, dass sie sie zu ihrem Capitaine wählten. Nach der Militarisierung integrierten sie sich in die 38. Brigade. Nach den Maiereignissen wurde sie 1937 von Stalinisten verhaftet und in Madrid gefangen gehalten. Durch Intervention von Cipriano Mera, dem Obersten ihrer Division, wurde sie frei gelassen. Sie schloss sich den *mujeres libres* an. Mika kämpfte bis Juni 1938 an der Front, danach waren die Frauen dort nicht mehr akzeptiert. Sie unterrichtete in Madrid, versteckte sich nach der Einnahme Madrids 6 Monate in der Französischen Schule und emigrierte dann nach Paris. Sie war mit Clara Thalmann befreundet. (17)

Nach der gewaltsamen Auseinandersetzung zwischen den Kommunisten und den Anarchisten im Mai 1937 traten die Stalinisten massiver und gewaltsamer auf.
Dem Beschwichtigungsaufruf der anarchistischen Regierungsvertreter war die libertär gesinnte Bevölkerung nur widerwillig nachgekommen. Hätten die anarchistischen Politiker sie gewähren lassen, wäre es möglich gewesen, sich gegen die zunehmende Repression der Kommunisten durchzusetzen. Nun forderten diese Vergeltung.
Die Order aus Moskau hieß, die POUM zu liquidieren und die Regierung Largo Caballero durch eine Moskautreue Regierung zu ersetzen. Der sowjetische Botschafter Marcel Rosenberg versuchte immer wieder, Largo Caballero die Wünsche Moskaus zu diktieren und forderte zunächst, den mit Caballero übereinstimmenden General Asensio abzusetzen. Caballero widersetzte sich.
In der ersten Sitzung der Zentralregierung nach der Mairevolte forderten die beiden kommunistischen Minister, die Verantwortlichen streng zu bestrafen. Das war für sie die POUM, aber auch die „extremistischen, anarchistischen Gruppen". Als Caballero sich weigerte, gegen die POUM vorzugehen, verließen die beiden Minister den Raum und mit ihnen die Mehrheit der anderen Minister. Es blieben nur zwei sozialistische Minister und die vier von den Anarcho-Syndikalisten. Damit war die Regierungskrise provoziert. Caballero legte sein Amt nieder.
Die Kommunisten hatten sich Juan Negrin als Ministerpräsidenten aus-

geguckt, Indalecio Prieto als Kriegsminister. Negrin war zwar in der Sozialistischen Partei, stand aber zu dem Zeitpunkt schon unter totalem Einfluss der russischen Berater. Prieto war als Rechtssozialist antikommunistisch aber auch antirevolutionär eingestellt. Er führte das Kriegsministerium ein Jahr und legte danach sein Amt nieder. Die neue Regierungszusammensetzung war ganz im Sinne des Stalinschen Konzeptes. Die Anarcho-Syndikalisten beteiligten sich nicht mehr.

Auf die POUM wurde nun Jagd gemacht, ihre Mitglieder wurden als faschistische Spione bezeichnet. George Orwell beschreibt, wie plötzlich auch die internationalen Zeitungen die Behauptung vertraten, die POUM sei eine faschistische Organisation. Längst war der russische Geheimdienst in Spanien zu einer unsichtbaren Nebenregierung angewachsen. Ende Mai wurden die Zeitungen der POUM verboten. Mitte Juni wurden auf Befehl der Regierung in Valencia vierzig der obersten POUM-Aktivisten festgenommen, unter ihnen Andrés Nin. Der Radiosender der POUM wurde beschlagnahmt, die Partei für illegal erklärt. Andrés Nin wurde wie die anderen auch in ein spezielles Privatgefängnis des Geheimdienstes gebracht, und seitdem blieb er verschwunden. Er wurde zu Tode gefoltert, seine Leiche wurde nie gefunden.
Es gab eine große Protestkampagne in Spanien und im Ausland gegen die Verhaftungs- und Repressionswelle. Die spanischen Stalinisten antworteten mit einem „Weißbuch" der „trotzkistisch-faschistischen Verschwörung".

Nachdem Clara und Pavel Thalmann von der russischen Geheimpolizei in Barcelona verhaftet worden waren, fuhr man sie in der Nacht durch Barcelona zu einem unbekannten Ort. Sie sahen überall an den Wänden die Aufschrift: „Donde esta Nin?" (Wo ist Nin?)
Die Thalmanns wurden vom kommunistischen Geheimdienst als Trotzkisten angesehen, tatsächlich hatten sie sich zuletzt der radikalen Gruppe der „Freunde Durrutis" angeschlossen. Als sie sahen, dass die Revolution zerschlagen wurde, wollten sie sich nicht mehr in einer kommunistisch kontrollierten Armee am Kampf beteiligen. Auf dem Weg zum Dampfer, der sie aus Spanien hinausbringen sollte, wurden sie verhaftet. Sie verbrachten 10 Wochen in Privatgefängnissen der GPU,

die behauptete, es säßen dort nur Faschisten ein. Sie wurden nächtlichen Verhören ausgesetzt und wurden Zeugen von Folterungen. Durch die Schweizer Botschaft konnten sie befreit werden.

Viele Orte, in denen die Mehrheit der Bevölkerung sich in Kollektiven organisiert hatte, wurden von kommunistischen Gruppen und Sturmgardisten unter kommunistischer Leitung angegriffen. Augustin Souchy nennt Montesquiu, Lafarga, Bisaura, Amposta, Villadalan, Tarragona... Die Kollektive in La Cenia bestand aus vierhundert Mitgliedern. Sie zahlten sich keinen Lohn, sondern verteilten den Arbeitsertrag. Neben der kollektivierten Landwirtschaft betrieben sie einen Pferdestall, einen Friseursalon, ein Kaffee- und Klubhaus. Alles wurde zerstört.
Die Regierung hatte die Entwaffnung der Bevölkerung beschlossen, zunächst hatten sich die Anarcho-Syndikalisten geweigert. Doch um Konflikte zu vermeiden, gaben sie an vielen Orten ihre Waffen ab. Deshalb konnten sie nun leicht von bewaffneten Gruppen überwältigt werden. Hinterhalte wurden gestellt, in denen jugendliche Anarchisten verschwanden und als verstümmelte Leichen später in einem Straßengraben wieder auftauchten. Mit Waffengewalt wurde die alte Ordnung in den Bürgermeisterämtern wieder hergestellt.

Die Industriebetriebe in den Städten waren in der Hand der Kollektiven und erwiesen sich als zu widerstandsfähig, um sie zu zerschlagen. Die meisten kollektiv geführten Betriebe arbeiteten bis zum Sieg der Faschisten weiter.

Nachdem Indalecio Prieto sein Amt als Kriegsminister niedergelegt hatte, schrieb er einen Bericht, den er später als Broschüre veröffentlichte. Darin wurde auch von der Verschwendungssucht des Präsidenten Negrin gesprochen. Während im weiteren Verlauf des Krieges die Lebensmittel immer knapper wurden, feierte er ausschweifende Gelage. Prieto beschrieb auch die Unfähigkeit der russischen Berater.
Im August 1937 verfasste die CNT einen Bericht, in dem sie die Gewalttaten der Kommunisten auflistete sowie die verheerenden Niederlagen im Kampf gegen den Faschismus seit der Negrin-Regierung anprangerte, den sie an die Regierung schickte. Die Kampfbegeisterung war bei

den freiheitlich gesinnten Männern verschwunden. Die Kriegsführung unter Anleitung der russischen Berater diente nicht dem Sieg über den Faschismus, sondern den Interessen der Kommunistischen Partei.

Im August 1937 hatte der Verteidigungsminister Prieto ein „Amt für militärische Untersuchungen" gegründet, die SIM (18), es sollte zur Spionageabwehr dienen und wurde in Windeseile von den Stalinisten übernommen und zur Verfolgung der POUM und der libertär Gesinnten verwendet. Das Amt wurde der Kontrolle der Regierung vollkommen entzogen, besaß 6000 Agenten, eigene Gefängnisse und Konzentrationslager. Unter den Namen der spanischen Stalinisten, die hier tätig waren, taucht auch Santiago Carrillo, der Generalsekretär der spanischen KP, auf. Er arbeitete aber schon vor der Gründung der SIM als „Sicherheitsverantwortlicher" mit dem NKWD (russischer Geheimdienst) zusammen.
Es versteht sich von selbst, dass die Folter die beliebteste und wirksamste Verhörmethode darstellte. (19)

Die FAI verfasste mehrfach Schreiben an die Regierung, in denen sie auf die verheerende Lage an der Front und die dortigen Zustände hinwies. Befördert wurde nur, wer in die Kommunistische Partei eintrat. Systematisch wurden Soldaten und Offiziere ermordet, die in der CNT-Gewerkschaft oder der FAI waren.
Negrin erließ eine Verordnung, nach der die Autonomie Kataloniens aufgelöst wurde, auch die Basken wurden in ihren Rechten beschnitten. Katalonien besaß als einziges Land eine Rüstungsindustrie, die von syndikalistischen Arbeitern aufgebaut worden war. Es ging den Kommunisten darum, diese in die Hände zu bekommen. Die syndikalistische Organisation der Industriebetriebe wurde durch kommunistische Direktoren ersetzt. Auch hier gab es zwar Protestschreiben, aber niemand wagte, sich den russischen Direktiven zu widersetzen.

Ein weiteres Beispiel ist die Zerschlagung des Rates von Aragonien und der dortigen Kollektivbewegung. Der im Oktober 1936 von den Anarchisten gebildete Verteidigungsrat Aragoniens unter Vorsitz von Joaquin Ascaso hatte alle Koordinationsaufgaben zwischen der Front und der Etappe zu erledigen. Es ging um die Koordinierung aller militärischen Notwendigkeiten mit den Forderungen nach Autonomie und Freiheit jeder kollektiv geführten Gemeinde. Nach Wunsch der Regierung in Madrid (damals noch unter Largo Caballero) wurden alle Volksfrontparteien an dem Rat beteiligt. Er arbeitete effektiv, und es gelang, die Selbstbestimmung der Gemeinden mit den Erfordernissen des Krieges zu vereinbaren.

Nach den Maitagen drängten die Kommunisten darauf, den Rat Aragoniens und die libertäre Verwaltung in den Gemeinden zu beseitigen. Da es sich in Aragonien um eine starke Massenbewegung der Anarchisten handelte, wurden scharfe Geschütze aufgefahren. Der Kommunistische Führer Enrique Lister schrieb in seinem später veröffentlichten Tagebuch offen über die Aufgabe, die er von dem damaligen Kriegsminister Prieto erhielt. Er sollte mit seiner Division die Sache erledigen und dabei diejenigen liquidieren, „deren Liquidation ich für nützlich halten würde". (20) Die anarchistischen Bauern und Arbeiter Aragoniens, denen eigene Polizeikräfte und drei Armeedivisionen unterstanden, wurden von der CNT dazu angehalten, keinen Widerstand zu leisten, um nicht einen erneuten Bürgerkrieg zu entfachen und damit Francos Sieg zu beschleunigen.
Der Rat wurde aufgelöst, Ascaso verhaftet, aber später wieder frei gelassen, in den libertären Gemeinden wurden nicht gewählte Bürgermeister eingesetzt, die Kollektiven zerstört.
Da aber die Bauern sich weigerten, wieder für Großgrundbesitzer zu arbeiten und die Ernte bevorstand, musste der Kommunistische Landwirtschaftsminister dulden, dass die Kollektive sich wieder zusammenfanden und weiterhin kollektiv wirtschafteten.

Zugleich führte die Zentralregierung unter Negrin die Gleichschaltung der Presse ein, nicht nur die Kritik an der spanischen Regierung wurde verboten und unter Strafe gestellt, sondern auch die an der russischen Regierung. Es sollte sich als verhängnisvoll erweisen, dass die Verantwortlichen für die Niederlagen an der Front nicht zur Rechenschaft gezogen und nicht ausgetauscht wurden. Das Verbot von Kritik brachte die endgültige Niederlage immer näher.

Letzte Kämpfe

Ende Oktober 1937 war die Madrider Regierung aus Valencia nach Barcelona geflohen. Barcelona war somit Sitz von zwei Regierungen: der Zentralregierung und der Katalanischen Generalität. Lluis Companys, der Chef der Katalanischen Regierung, geriet allerdings häufig mit Juan Negrin aneinander.
Nachdem die letzte Großoffensive der Republikaner am Ebro vom Juli 1938 aufgrund des Dilettantismus der kommunistischen Führer im November mit hohen Verlusten (20 000 Tote auf republikanischer Seite) scheiterte, gab es keine Hoffnung mehr auf einen Sieg.
Francos Offensive gegen Barcelona setzte bald ein. Die Stadt, die schon 100 000 Flüchtlinge beherbergte, erlebte 385 Bombardierungen.
Am 29. Januar 1939 setzte sich Regierungschef Negrin mit seinen Ministern nach Frankreich ab, ebenso die Katalanische Regierung unter Companys. Wenig später fiel Barcelona in die Hände der Faschisten. Mit dem Fall Barcelonas war ganz Katalonien eingenommen. Es verblieb den freiheitlichen Kräften ein kleiner Zipfel am Mittelmeer zwischen Murcia und Valencia und ins Landesinnere bis Madrid als letztem Punkt. Die Anarcho-Syndikalisten beriefen eine Landeskonferenz nach Valencia und bildeten eine Verteidigungsjunta. Jedoch gab es sofort Auseinandersetzungen zwischen den kommunistischen Kommissaren und den Vertretern des Volksfrontkomitees.
Negrin flog mit einigen Getreuen zurück und richtete sich in einem Landhaus bei Alicante ein, von 500 kommunistischen Soldaten bewacht. Negrin hatte Franco um Friedensverhandlungen gebeten, der nicht darauf antwortete. Deshalb befahl er: „Widerstand bis zum Äußersten." (21)
Die republikanischen Streitkräfte waren nach dem Fall Kataloniens jedoch in einem äußerst schlecht gerüsteten Zustand. An einen Sieg über Franco war nicht mehr zu denken.
Nach der Einschätzung des Journalisten der Madrider Tageszeitung C.N.T. Garcia Pradas ging es Negrin darum, seinen Ruf zu retten, ebenso wie wichtige Dokumente, und die Evakuierung seiner Gefolgsleute vorzubereiten.

Zu diesem Zweck wurden Passformulare gedruckt, die nur an Kommunisten vergeben wurden.

Eine Einigung zwischen der Verteidigungsjunta und der „Regierung" Negrin war nicht zu erzielen. Die freiheitlichen Kräfte begriffen, dass Negrin dabei war, eine kommunistische Diktatur vorzubereiten, um die Anarcho-Syndikalisten, deren Stärke er fürchtete, auszuschalten. Diese kamen ihm jedoch zuvor. Sie verfassten ein Programm, nach dem Negrin die Vollzugsgewalt an die Verteidigungsjunta abgeben sollte. Die UGT, die Sozialistische Partei und viele Oberbefehlshaber des Heeres schlossen sich dem Programm an. Nur nicht die kommunistischen Kommandeure. Negrins Versuch, alle Befehlsposten mit seinen kommunistischen Gefolgsleuten zu besetzen, schlug fehl. Als er begreifen musste, dass er verloren hatte, startete er seine Privatflugzeuge und verließ mit seinem Gefolge Spanien.

Die Kommunisten errichteten daraufhin in der Innenstadt Madrids Barrikaden und erhoben sich gegen die Verteidigungsjunta. Der Kampf, der in Barcelona abgeblasen worden war, fand nun sein Ende. Ohne die Milizionäre von der Front abzuziehen, verteidigten die freiheitlichen Kräfte sich gegen die Kommunisten. Die Kämpfe dauerten vom 6. bis 13. März und endeten mit der Niederlage der Kommunisten. Die Anarchisten ließen alle übriggebliebenen Kommunisten laufen und schlossen auch nicht deren Parteilokale. Aber der Kampf hatte die letzten Reserven der Freiheitlichen Bewegung gekostet.

Trotzdem gab es noch eine weitere Konferenz, auf der eine Guerillagruppe, die hinter den Linien gegen Franco kämpfen sollte, beschlossen wurde. Aber die Kämpfer an der Front wollten nur noch den Krieg beenden. Die zwangsrekrutierten Soldaten von beiden Seiten fielen sich gegenseitig in die Arme, warfen die Waffen weg und gingen gemeinsam ins Wirtshaus.

Nachdem eine weitere Initiative der Verteidigungsjunta, Franco um Friedensverhandlungen zu bitten, fehl geschlagen war, ging es nur noch um Evakuierung. Franco lehnte es ab, den Republikanern freien Abzug zu gewähren. Die große Flucht Richtung Küste begann. Die Mitglieder der Verteidigungsjunta verließen Madrid am 29. März.

Einige Anarcho-Syndikalisten blieben und fielen unter den Kugeln der Hinrichtungskommandos. Am 30. hielt Franco seinen Siegeszug. Hilfsorganisationen versprachen den Flüchtlingen an der Küste französische Schiffe. Doch sie kamen nicht. Franco erließ den Befehl an die italienischen Helfer, die Küste „vom Feind zu säubern". Schließlich erschien ein Kriegsschiff Francos. Sämtliche Flüchtlinge in Alicante fielen in die Hände der Faschisten. Hunderte wurden sofort erschossen, Tausende verschwanden in Lagern und Gefängnissen und starben an Hunger und Qual. Nur wenigen gelang die Flucht auf kleinen Booten über das Meer nach Algerien.

Die verhinderte Revolution

Die soziale Revolution von 1936 in Spanien hielt länger an als einen kurzen Sommer (22) und scheiterte nicht an sich selbst, sondern wurde zerschlagen von den am langen Arm Stalins agierenden spanischen Stalinisten, den russischen Militärberatern und dem russischen Geheimdienst in Spanien.
Breite Teile der Bevölkerung, Land- und Industriearbeiter, Kleinbauern, Handwerker, kleine Selbständige, Frauen, Männer, Jugendliche hatten in allen Landesteilen den Putsch der Offiziere Francos als ihre Stunde Null verstanden. Gleichzeitig mit der Niederwerfung des Putsches begannen sie, ihr Leben selbständig, gemeinschaftlich und auf freiheitlicher Basis zu organisieren, indem sie sich in Kollektiven zusammentaten. Ihre lange vorbereitete und in vielen Streiks und Revolten gefestigte Überzeugung richtete sich nicht nur gegen die Versklavung in der Landwirtschaft, sondern auch gegen den aufkommenden Kapitalismus in Spanien. Die Abschaffung der Ware Arbeitskraft, die Aufhebung der Entfremdung von der Arbeit, dem Arbeitsprodukt und von sich selbst, die Abschaffung des Privateigentums an Produktionsmitteln und an Landbesitz (die Grundforderungen von Karl Marx) waren in ihrer Revolution enthalten, aber ebenso die Ablehnung jeglicher Herrschaft, auch der Diktatur des Proletariats, und damit auch der Herrschaft und der Gewalt des Staates. Das Individuum sollte die Freiheit der eigenen Entscheidung behalten und ebensoviel Respekt genießen wie die Gemeinschaft.
Die Organisation der Gesellschaft geschah nach den Regeln eines konföderierten Miteinanders von Gemeinschaften und dem Aufbau eines Delegiertensystems von unten nach oben. Die Delegierten arbeiteten in Komitees auf unterschiedlichen Ebenen und waren weisungsgebunden und absetzbar.

Die anarchistische Gesellschaft, die in Spanien entstand, war weder undurchsichtig, chaotisch, unreglementiert, noch gewaltvoll, wie in vielen Publikationen bis heute nachzulesen ist, sondern orientierte sich an dem ursprünglichen Gedanken gewerkschaftlicher Organisation. Das Syndikat, die Gewerkschaft, war die Vereinigung der verschiedenen Be-

rufssparten, die die Interessen der Fischer, Bauern, Lehrer, Bäcker, Maurer ... vertrat, aber aus nicht bezahlten, gewählten Vertretern bestand. Nicht zu vergleichen mit heutigen Gewerkschaften, die zu einem von der Basis weit entfernten Machtapparat von Bürokraten geworden sind. Die Gewerkschaft war in den Orten jeweils auch eine Art Klub, in dem man sich traf, diskutierte, feierte, sich bildete, ein Kulturzentrum.
Doch zunächst spielten in der spontanen Bewegung der Revolution die Gewerkschaften keine Rolle, sie hatten nicht die Führung, setzten keine Kollektivierungen durch.
Nach den ersten Tagen, in denen es auch zu gewaltsamen Auseinandersetzungen kam und der jahrhundertealte Hass gegen die Obrigkeit und vor allem die Kirche sich entlud, erhielten die Organisation der Gewerkschaften eine wichtige Funktion, nämlich an die eigenen Ziele und Werte zu erinnern und damit die persönlichen Racheakte zu beenden.

Die CNT/FAI entwickelte sich jedoch durch die Beteiligung an der Regierung zu einer Art Partei. Indem Anarcho-Syndikalisten Ministerposten erhielten, verwandelten sie sich in die Politiker-Kaste, die die Massen von oben zu lenken und zu beeinflussen versuchte. Das ist Regierung. Sie hatten, wie oben beschrieben, unter den Bedingungen des Krieges und des zunehmenden Einflusses der Sowjetunion, die Lage so eingeschätzt, dass sie keine Alternative hätten. Die Geschichte hat gezeigt, dass es ein Fehler war.

Aus vielen Berichten wird aber deutlich, dass die Bevölkerung, die sich zu einem freien, gemeinschaftlichen Leben entschlossen hatte, nicht unbedingt den Weisungen der Regierungen (Zentral- und Katalanische) nachkam, auch wenn ihre eigenen Regierungsvertreter sie darum baten. Semprun-Maura spricht von einem massenhaften, zivilen Ungehorsam. Die Menschen weigerten sich, die Waffen abzugeben, sie leisteten Widerstand gegen die Militarisierung, sie blieben während der Mai-Tage auf den Barrikaden, als ihre Regierungsvertreter sie schon aufgefordert hatten, nach Hause und wieder zur Arbeit zu gehen. Die Direktoren, die wieder an der Spitze der Fabriken erschienen, wurden nicht beachtet. Auch nach den Angriffen, Zerstörungen, Verhaftungen und Erschießungen gab es weiterhin Kollektive auf dem Lande und in der Stadt.

Es war dies keine offene Revolte, sondern ein zäher Widerstand. Wieso die Massen der Menschen, die wild entschlossen waren, eine libertäre Gesellschaft aufzubauen, sich letztlich ihrer Gewerkschaft fügten und sich nicht in den Kampf gegen die Kommunisten, die sie massiv zu unterdrücken begannen, und gegen die zunehmend diktatorische Regierung begaben, bleibt eine offene Frage. In jedem Fall hatten die Anarchisten ein großes Vertrauen in ihre Gewerkschaft, die CNT, die bis zu diesem Zeitpunkt alle Erscheinungen des Bürokratismus für sich abgelehnt hatte. Doch im Zuge der Ereignisse erhielten einzelne Anarchisten Führerpositionen und koppelten sich von der Basis ab. Da auch sie das Vertrauen der Anarchisten genossen, gab es diese Irritationen, wie bei der Mairevolte, als die anarchistischen Sprecher plötzlich gegen den Willen der Basis entschieden.

Durch die zunehmenden Niederlagen gegen die vorrückenden Franco-Truppen, für die Negrins Regierung verantwortlich war, zeigte sich, dass es den kommunistischen Unterwanderern nicht einmal darum ging, den Krieg gegen die Faschisten zu gewinnen. Was wäre passiert, hätten die Republikaner gewonnen? Die libertär gesinnte Bevölkerung hätte ihre aufgeschobene Revolution fortsetzen wollen. Das zu verhindern, gelang durch den Sieg der Faschisten mit besonderer Gründlichkeit.

Die weltweite Propagandaarbeit der Kommunisten, an der sich auch die bürgerlichen Medien mit Freude beteiligten, zielte auf eine ideologische Vernichtung der spanischen libertären Revolution. Zum einen wurde eine Diffamierung der Anarcho-Syndikalisten und der POUM als Terror- oder gar faschistischer Organisationen betrieben. Zum Anderen erschienen am Ende nur noch die Sozialisten und die Kommunisten als revolutionäre Kräfte in der medialen Öffentlichkeit. Schließlich wurde die Bewegung der Kollektive, der durch die Anarcho-Syndikalisten betriebene Prozess einer sozialen Revolution hin zu einer libertären Gesellschaft weitgehend verschwiegen.

Bis auf den heutigen Tag wird die libertäre Revolution kaum noch in den Veröffentlichungen über den Spanischen Bürgerkrieg erwähnt, obwohl sie in ihrer Organisation von kollektivem Leben und Arbeiten und dem basisdemokratischen Aufbau der Gesellschaft weiter ging als jede Revolution zuvor.

Teil II

La Retirada – Rückzug und Exil

Flucht über die Pyrenäen im Winter

Rauer Empfang an der Französischen Grenze

Zwischen dem 25. Januar und dem 13. Februar ereignete sich das, was später *La Retirada* – der Rückzug genannt wurde:
500 000 spanische Flüchtlinge erreichten die französische Grenze : Frauen, Kinder, Alte und Soldaten. Traumatisiert von Bombenangriffen, von vorhergegangenen Fluchten aus Andalusien, Madrid und anderen Teilen des Landes, dem Verlust von Söhnen, Vätern, Partnern, und zuletzt dem winterlichen Fußmarsch über die Pyrenäen richtete sich ihre Hoffnung auf Frankreich, das Land der Freiheit, der Demokratie, der französischen Revolution.

Die Grenze zwischen Frankreich und Spanien verläuft über den Gebirgszug der Pyrenäen, (Karten Seite 124/25, 126) die von der Atlantikküste bis zum Mittelmeer reichen. Das spanische Katalonien, das bis zum 26. Januar zum republikanischen Gebiet gehörte, erstreckt sich von Portbou am Mittelmeer bis hinter den kleinen Staat Andorra, der sich zwischen Spanien und Frankreich schiebt. Der Gebirgszug fällt von über zweitausend Metern bei Andorra zum Meer hin deutlich ab. Das Vallespir auf der französischen Seite westlich von Le Boulou und der heutigen Autobahndurchfahrt liegt schon unter tausend Meter, und auf der östlichen Seite beträgt der Gebirgszug der Albères nur noch zwischen tausend und sechshundert Metern. Für die heutige Autobahn wurde ein tiefer Einschnitt am östlichen Rand der Albères-Berge gewählt, der schon seit Jahrhunderten einen Überweg über die Pyrenäen möglich machte: den Col de Perthus, der auf 290 m liegt. Einer der Ersten, von dem es bekannt ist, war Hannibal 218 vor Christus, der mit seinem Heer und den Elefanten diesen Überweg wählte. Nach den Römern, die hier ein Fort bauten und die Via Domitia aus dem Norden mit der Via Augusta aus dem Süden verbanden, kamen die Westgoten im 5. Jahrhundert, auf die sich der Name der Region Katalonien bezieht: catalan = gotalan. Im 8. Jahrhundert überwanden die Araber hier die Pyrenäen, um Narbonne einzunehmen. Erst mit dem Pyrenäen-Vertrag 1659 wurde die heutige Grenze zwischen Spanien und Frankreich festgelegt.
Der Name Perthus weist auf das lateinische pertundere = durchschnei-

den hin. Die Stadt wird von der Grenze durchteilt. Der Bürgersteig auf der Ostseite der Strasse gehört zu Spanien, die Chaussee zu Frankreich. So wurde auch das Fort französisch, das Vauban umbauen ließ und heute Château de Bellegarde heißt.

Die Hauptflut der spanischen Flüchtenden im Januar 1939 richtete sich verständlicherweise auf diesen Punkt, wenn sie nicht versuchten, direkt am Meer bei Portbou / Cerbères über die Grenze zu gelangen. Trotzdem waren die gesamte französische Grenze und die am nächsten gelegenen Orte zwischen Andorra und der Küste von den Flüchtlingen betroffen.

Viele Familien waren von ihren Söhnen und dem Vater getrennt, die in der republikanischen Armee gekämpft hatten. Eine unabsehbare Schlange Pferdekarren, Lastwagen, Autos, Reiter zu Pferd oder Alte auf einem Fahrrad, Menschen mit Koffern und Bündeln sowie Tieren zog über die schmalen Straßen Richtung Grenze. Vielleicht in der Hoffnung, bald zurückkehren zu können, hatten die Bauern Schaf- und Ziegenherden, Rinder und Maulesel mitgenommen, außer dem Federvieh, das sie in Körben und Taschen trugen.
Aber auch die republikanischen Soldaten flohen vor Franco der Grenze entgegen. Sie hatten alles an Waffen dabei, was sie transportieren konnten. Da sie Fahrzeuge besaßen, nahmen sie oft Alte und Kranke mit, die sie auf ihrem Treck überholten. Natürlich gab es auch viele Verwundete unter den fliehenden Soldaten.
Die 26. Division, die ehemalige Kolonne Durruti, leistete im Norden noch Widerstand und deckte den Flüchtlingsstrom, so dass dieser bis zur Grenze gelangte.

Als ab dem 26. Januar die ersten spanischen Familien an der französischen Grenze ankamen, waren nur die Journalisten vorbereitet und erwarteten sie. Die französische Regierung reagierte auf das Ereignis, das sie angeblich nicht erwartet hatte, indem sie die Grenzen schloss. Der französische Innenminister Sarraut verfügte, die Grenzstationen mit Barrikaden zu versehen. Die Flüchtlinge, erschöpft von der Kälte, hungrig, durstig, hatten sich über die Berge geschleppt, um zu überleben. Frankreich, das es nicht für notwendig erachtet hatte, den Widerstand gegen den Faschismus zu unterstützen, schloss nun auch noch seine Pforten. Die Menschen mussten im Freien übernachten, wie schon in den vorangegangenen Nächten, im Schnee, in der Kälte. Aber es kamen stetig mehr. Die Flüchtenden bedrängten die Grenzstationen.

Der Innenminister brauchte ein paar Tage, um Gendarmerie und Mobilgarde zusammen zu ziehen, ebenso wie Infanterie und eine Kompanie Senegalesen (1), um sich gegen das „Chaos" der Massen zu schützen. Am 28. Januar ließ die französische Regierung die Grenzen öffnen, aber die Menschen wurden sortiert. Die Aussage Sarrauts bei seiner Visite am 31. Januar an der Grenze war eindeutig: Wir nehmen Frauen und Kinder auf, die Verwundeten pflegen wir, die gesunden Männer schicken wir zurück.

Schon vor der Schließung der Grenze wurden die ersten Familien in Busse gesetzt und ins Landesinnere transportiert. Angesichts der Massen entwarf die Regierung den Plan, die Flüchtlinge an bestimmten Orten in Lagern unterzubringen und sie dann aufzuteilen.

Trotz der Aussage des Innenministers wurden ab dem 5. Februar auch die republikanischen Soldaten hereingelassen. Sie wurden entwaffnet und mussten alles abgeben, was sie bei sich trugen.

Frauen, Kinder und Alte wurden in Bussen und per Zug ins Landesinnere gebracht, wo sie in Notunterkünfte eingesperrt wurden. Die Männer wurden bedrängt, ins Franco-Spanien zurückzukehren, die es nicht wollten, traten den Fußmarsch Richtung Küste in die Lager an. Besonders brutal erlebten die Familien die Trennung von den Vätern, wenn sie gemeinsam geflohen waren, und auch die Söhne ab 15 Jahren kamen ins Männerlager. Aber am schlimmsten: Die Menschen wussten nicht, wohin sie transportiert wurden, wohin sie marschierten.

Die kleine Ortschaft **Cerbère** liegt unterhalb der steilen Felsen, die Frankreich von Spanien trennen, am Meer. Man gelangt entweder von Spanien nach Cerbère auf der schmalen Serpentinenstraße über den Col des Belitres. Dieser beträgt 165 Meter, und ist nach den Schmugglern benannt. Oder durch den Eisenbahntunnel, der auch 1939 schon existierte.

Etwa 10 000 Frauen, Kinder und Alte warteten im Tunnel, bis die Grenze am 28. Januar geöffnet wurde.

Die Einwohner von Cerbère waren traditionell solidarisch mit ihren katalanen Nachbarn. Aber inzwischen hatten die Soldaten und Gendarmen das Sagen.

Die 16 jährige Carme erlebte ihre Ankunft in Frankreich so (2):
„Ich hoffte darauf, ein Land des Willkommens zu finden, einen Platz, wo ich anhalten könnte, um mich ohne Gefahr auszuruhen, außerhalb der Reichweite der Faschisten. Einen liebenswerten Platz, der die Trennung von meinen Eltern kompensieren könnte, von denen ich weder wusste, wo sie waren, noch ob ich sie wiedersehen würde. Frankreich war ein idealer Ort, eine Art Paradies, wo wir essen könnten, wo wir etwas fänden, uns zuzudecken und warme Betten, um zu schlafen, ohne Luftalarm und Sirenen. Aber beim Ankommen am Bahnhof von Cerbère habe ich mich wiedergefunden zwischen zusammengepferchten Menschen, mit Paketen und Koffern, Frauen die weinten, Alte die weinten, Kindern und Männern die weinten. Und mit Stapeln von Waffen, die man den Soldaten abnahm, der Trennung von Familien, Männer auf eine Seite, Frauen und Kinder auf die andere, und all diesen Szenen von Verachtung und schlechter Behandlung von Seiten der Gendarmen und der französischen Armee. Ich habe mich wiedergefunden angerempelt unter den Schlägen der Gewehrkolben und unter den Schreien von „allez, allez" (los, geht!), das einzige, was sie zu uns sagten."

Insgesamt kamen 100 000 Menschen durch Cerbère.

Der nächste Fischerhafen, **Banyuls**, war ebenso von der Flüchtlingswelle betroffen. Die Menschen in Banyuls waren schon vor dem Exodus bereit, Flüchtlinge aufzunehmen. Seit Juni 1938 war eine Kinderkolonie für spanische Kinder im Mas Reig eingerichtet worden. Die ersten Flüchtlinge kamen mit Booten in Gruppen von 30 Personen, noch während die Grenze geschlossen war. Alle Einwohner des Dorfes halfen. Es wurde auf der Straße gekocht, und Decken wurden verteilt. Der Bürgermeister Azéma organisierte mit den Gemeindevertretern ein riesiges Schlaflager um die Bürgermeisterei herum. Ab dem 5. Februar trafen die Menschen in einer unabsehbaren Schlange ein, 10 000 lagen nachts auf den Straßen. Es wurde eine medizinische Versorgung aufgebaut.

Das sogenannte Chaos, das den Einsatz der Armee und vor allem die berittenen Nordafrikaner rechtfertigen sollte, war für die Einwohner von Banyuls kein Grund zur Panik. Aber die französische Armee und die besonders brutalen Kolonialtruppen brachten ein anderes Klima.
Viele Flüchtlinge kamen über den Col de Banyuls, der auf 361 Metern zu überwinden war. Von Espolla bis Pils konnte auf einer Straße gefahren werden, danach war ein Weiterkommen nur zu Pferd oder Fuß möglich. Auch die Brigade des Kommunisten Lister kam über diesen Weg nach Banyuls. Zwei Jahre später wird der Bürgermeister einer deutschen Fluchthelferin den Weg beschreiben. Lisa Fitko und ihr Mann Hans werden den umgekehrten Weg über die Pyrenäen nach Spanien mit vielen deutschen und österreichischen Exilanten, darunter Walter Benjamin, Golo und Heinrich Mann auf der Flucht vor den Nazideutschen gehen.

Aber nicht nur Menschenmassen mussten versorgt werden. In Sorède, ein paar Kilometer von der Küste entfernt, kamen 3000 Schafe an.

Der kürzeste Weg von Gerona war die Straße nach **Le Perthus**, aber ab La Jonquera war sie nur noch im Schneckentempo zu befahren. Viele ließen Pferdewagen, Autos und auch Lastwagen zurück, um rechtzeitig die Grenze zu erreichen. Als am 31. Januar der Innenminister Sarraut die Lage besichtigte, wurden die Menschen für zwei Tage in La Jonquera zurückgehalten, damit er geordnete Verhältnisse auf den Straßen vorfand.
Die Menschen erlebten zum Einen Krankenschwestern, die den Kindern Kakao reichten, aber andererseits auch das rüde Verhalten der Nordafrikaner, die die Menschen mit Gewehrkolben vorwärts stießen. Ab dem 5. Februar wurden auch hier die entwaffneten Soldaten durchgelassen. Am 9. Februar am Morgen kamen die Franquisten in Figueras an, am Nachmittag waren sie in Le Perthus. Die französischen Militärs empfingen Francos Armeeoberste mit allen Ehren.

250 000 Flüchtlinge erreichten Frankreich über Le Perthus, 4000 Fahrzeuge, 15 000 Maulesel, Pferde und Schafe (3). Unter den republikanischen Soldaten befanden sich auch faschistische Gefangene. Diese wur-

den in die spanisch-baskische Grenzstadt Irun transportiert, also frei gelassen.

Wer besondere Beziehungen besaß oder zu den letzten Machthabern der Republik gehörte, nahm vor dem Col de Perthus einen Schleichweg bis zu dem kleinen Dorf **La Vajol**, noch auf der spanischen Seite. Dieser Ort spielte schon vor dem Exodus eine Rolle, da die Kunstwerke aus dem Prado und aus Katalonien seit den Bombardements von Madrid in den Talgminen versteckt wurden. Nun trafen sich hier, abseits vom Gedränge, die höchsten Würdenträger wie Präsident Azañas, und der katalanische Ministerpräsident Lluis Companys (4) mit ihren Familien. Das Kultusministerium in Barcelona hatte Lastwagen zur Evakuierung der ihnen genehmen Künstler und Intellektuellen organisiert, alle waren sie dem Sowjetischen Kommunismus wohlgesonnen und trafen bei Nacht und Nebel im Mas Perxers ein, 300 Menschen zusätzlich zu den Politikern, es muss ein großes Mas gewesen sein. Sie hatten Pässe von der Regierung erhalten, die ihnen die Reise erleichterte. Auch Negrin fand sich dort ein, bevor er, wie wir schon wissen, noch einmal auf einem Gut bei Alicante zum Kämpfen bis zum Äußersten aufrief, da seine Familie ja schon in Sicherheit war, wohin auch er sich bald absetzte.
Damals konnte man nur bis zum Col de Lli fahren und musste dann zu Fuß nach **Las Illas** absteigen. Auch die Kunstwerke nahmen diesen Weg. Ab dem Col wurden sie getragen.

Aber auch die normale Bevölkerung fand den Weg nach Las Illlas. Eine Familie machte in der Nacht Halt auf dem Col und wurde von den Bauern des dortigen Hofes herzlich aufgenommen. Die Frau nannte einem jungen Mädchen einen Namen einer Bekannten in Maureillas, sie sollte erzählen, es sei ihre Cousine. Die „Cousine" konnte sie tatsächlich für einige Zeit aufnehmen. Aber die private Aufnahme von Flüchtlingen war verboten.

In Las Illas verteilte das Rote Kreuz Milch an die Geschwächten. Auch hier wurde getrennt: die Männer gingen zu Fuß nach Le Boulou, Frauen und Kinder wurden mit unbekanntem Ziel ins Landesinnere verfrachtet.

Le Boulou, unterhalb von Le Perthus an der heutigen Autobahn gelegen, wurde zum Knotenpunkt der Flüchtlingsflut. Es ist ein Ort mit Thermalbad von heißen Schwefelquellen. Hier trafen die Flüchtlinge von Le Perthus und vom gesamten Tech-Tal ein, dem Fluss, der durch das Vallespir bis nach Argelès verläuft und dort ins Mittelmeer fließt.
In Le Boulou war die medizinische Hilfe und auch Unterbringung vorbereitet, aber niemand hatte mit dem Ansturm gerechnet. Es gibt Berichte von Flüchtlingen, die bei Regen im Freien (unter soldatischer Bewachung) übernachten mussten und weder Wasser noch Brot bekamen. Nach der Inanspruchnahme des Thermalbades, aller Schulen, Garagen, Säle und Werkstätten waren die Einwohner froh, als wieder Ruhe, Ordnung und Sauberkeit eintrat.

Von Le Boulou westlich ist der nächste Übergang über den Col dels Horts (759 m) nach Coustouge und von hier auf 4 km Fußweg nach **Saint-Laurent-de-Cerdans**. Ungefähr 40 000 Flüchtlinge kamen auf diesem Weg.
Saint Laurent ist ein Arbeiterstädtchen, da hier seit langer Zeit Eisen abgebaut wurde. Bis 1937 gab es eine Eisenbahnverbindung nach Arles-sur-Tech. Außerdem wurden hier Espandrillas (Schuhe aus Bast) hergestellt, die Arbeiter hatten sich in einer Kooperative zusammen geschlossen. Saint Laurent besteht aus einem Ober- und einem Unterdorf. Unten die Arbeiter, die selbstverständlich mit den Spanienflüchtlingen solidarisch waren. Sie hatten in ihrer Kooperative Betten aufgestellt, versorgten die Flüchtlinge mit Essen und richteten eine medizinische Station ein. Im Oberdorf befindet sich die Kirche und das Schloss, auch hier wurden die Flüchtlinge gut aufgenommen. Der Abbé richtete in der Ferienkolonie ein Krankenhaus mit 100 Betten ein.
Ein Flüchtling erzählte erstaunt, dass er in einem Café in Saint Laurent umsonst zu Essen erhielt. Und überall öffneten sich die Türen, damit die Menschen nicht im Kalten schlafen mussten.
Heute gibt es ein Museum der Retirada in der ehemaligen Kooperative.

Der weiter westlich gelegene Coll de Malrem beträgt schon 1132 Meter. Auch von hier musste 4 km zu Fuß gegangen werden, um in **Lamanère** (760 m) anzukommen, dem südlichsten Ort Frankreichs. Die

Gastfreundschaft der in großer Einsamkeit lebenden Menschen war ungebrochen, die Schule wurde hergerichtet und viele private Unterkünfte boten sich an für die 5 bis 8 000 Flüchtlinge. Die Verwundeten wurden ins Hospital Saint-Vincent-de-Paul gebracht. Aber durch die Ankunft der französischen Truppen und der berittenen Nordafrikaner änderte sich auch hier das Klima. Die Soldaten nahmen die Unterkünfte in Anspruch, und die Flüchtlinge mussten im Freien campieren. Es wurden zwei Lager eingerichtet, eins für die, die bleiben durften, und das andere für die, die mehr oder weniger freiwillig zurück geschickt wurden. Die Männer mussten 14 km zu Fuß nach Arles-sur-Tech gehen, die Frauen und Kinder wurden auf Lastwagen geladen.
Ein Korrespondent der Zeitschrift *L'Indépendant* war weit davon entfernt, die Gastfreundschaft zu kennen, denn er schreibt: „Unsere Bevölkerung vergisst nicht, ihre Türen zu verschließen.... Sie hat nicht unrecht, denn wie viele Mörder beherbergt sie?" (5)

Wenn man auf der französischen Seite die Straße von Le Boulou nach Céret entlang dem Tech fährt, über Arles-sur-Tech, kommt man am Ende in **Prats-de-Molllo** an, das sich heute mit dem einige Kilometer weiter westlich liegenden Dorf **La Preste** zusammen geschlossen hat. Von Spanien aus gab es die Straße von Camprodon bis zum Col de la Guille (988m), von dort musste 17 km bergauf bis zum Col d'Arès (1513 m) zu Fuß marschiert werden, um dann auf schwierigem Weg durch die Berge bis nach Prats-de-Mollo abzusteigen. Auch um nach La Preste zu gelangen, musste eine Bergkette von 1600 Metern überwunden werden, die im Winter unter Schnee und Eis lag.
Die Flüchtlinge wurden in Prats überall untergebracht, wo ein Platz frei war, in Privatunterkünften, im Ferienzentrum von Perpignan, in einem Kinosaal, in Garagen und sogar im Schloss. Bäcker, Schlachter, Lebensmittelhändler gaben Essen, es wurde eine Krankenstation und eine Kinderkrippe organisiert. Die Menschen, die hier ankamen, waren extrem geschwächt. Verschiedene Organisationen waren am Ort: Das Komitee zur Hilfe für das republikanische Spanien, die Volkshilfe, die Katholische Hilfe, alle setzen sich für die Flüchtlinge ein. Es wurden Fahrzeuge zusammengestellt, die entbehrlich waren und ein Abholdienst eingerichtet vom Col de la Guille. Viele hatten ihr Hab und Gut

unterwegs liegen gelassen. Die mitgenommenen Tiere wurden hier wie auch andernorts geschlachtet, um die Flüchtlinge ernähren zu können. Spanische Ärzte, die sich unter den Flüchtlingen befanden, halfen in den Krankenstationen.

Nach Ankunft der französischen Truppen wurde aufgeräumt. Auch hier beklagten die Flüchtlinge sich über die Brutalität der Kolonialarmee. Es wurden zwei Lager im Freien eingerichtet von 12 000 und 25 000 Menschen, von Soldaten und Gendarmen bewacht. Aber einige Flüchtlingsgruppen entkamen doch, und so brannten rings um Prats in den Wäldern am Abend die Feuer, die den Menschen ein bisschen Wärme gaben. Die Trennung der Männer von den Frauen und Kindern, die auf Lastwagen ins Ungewisse transportiert wurden, war mit vielen Tränen verbunden.

Über diesen Weg kam eine große Anzahl republikanischer Truppen. Zum Beispiel am 7. Februar 2000, am 9. Februar 9000 und 200 Pferde. Am 13. Februar erreichten die Franquisten den Col d'Arès. Aber noch am 14. ging die letzte Division über den Col Pregon nach Preste. Am 19. Februar lagen noch 35 000 Männer in Preste und warteten auf ihr weiteres Schicksal.

Insgesamt kamen etwa 90 – 100 000 Flüchtlinge über Prats-de-Mollo. 10 – 15 000 Tiere wurden geschlachtet oder verkauft.

WANDERWEG AM COL D'ARÈS

Im Februar, nachdem die Grenze von den Franquisten besetzt war, wagten die letzten Flüchtlinge sich auf abenteuerlichen Wegen über die Berge. Das kleine **Py de Conflent** liegt an der Westflanke des Canigou, mindestens 20 km von der Grenze entfernt, die hier über Pässe von mehr als 2000 Metern verläuft. Als eines Morgens ein Bauer nach seiner 2 Stunden von Py entfernt liegenden Scheune sehen wollte, fand er dort 20 Menschen, die zusammengekauert Schutz suchten vor der Kälte. Sie waren auf der spanischen Seite von Setcases aus aufgebrochen. Insgesamt kamen etwa 250 Flüchtlinge in Py an, die durch tiefen Schnee und über einen Pass von 2300 Metern gegangen waren. Der Bürgermeister erstellte eine Liste der Einwohner, die jeweils 2 Personen aufnehmen konnten und organisierte die Verpflegung.
Im Winter 1941 machte sich einer der Spanier mit einem Freund wieder auf den Weg, den gleichen Pfad zurück, um seine Frau aus Setcases heraus zu holen. Sie kamen durch Schneefelder, die ihnen bis zur Taille reichten und in einen furchtbaren Sturm, wie er am Canigou im Winter oft auftritt. Der Freund wollte aufgeben, aber der Mann überzeugte ihn, dass er nur mit seiner Frau zurück gehen könnte, und sie schafften es.

Die Frauen, Kinder und Alte, die westlich von Le Boulou bis Prats-de-Mollo ankamen, wurden nach Arles-sur-Tech und Le Boulou gebracht, um dann ins Landesinnere weitergefahren zu werden. Die Männer marschierten zu Fuß an die Küste.

Nördlich des Canigou verläuft parallel zum Tal des Tech das Tal des Têt. Hier gelangt man von Perpignan aus über Prades bis nach Andorra, aber kurz vorher berührt die Landstraße die spanische Grenze bei **Bourg-Madame** auf der französischen Seite, und gleich gegenüber liegt **Puigcerda**.
Da der Übergang hier relativ einfach war, staute sich der Flüchtlingsstrom lange vor Puigcerda, und in den letzten Tagen des Januar gab es auch noch Bombenangriffe der Franquisten.
15 000 Menschen warteten am 27. Januar auf die Öffnung der Grenze. Da das ein paar Kilometer entfernte Latour-de-Carol einen Bahnhof besaß, wurde es zu einem wichtigen Knotenpunkt. Von hier wurden alle Flüchtlinge weiterverfrachtet, meist in das nahe gelegene Ariège.

20 000 Männer der republikanischen Armee wurden hier auf einem verschneiten Feld gelagert, von den Kolonialtruppen bewacht. Sie bekamen nichts, keine Decken, Unterstände, kein Essen und Trinken. So verbrannten sie alles, was in ihrer Nähe zu finden war und schaufelten mit bloßen Händen den Schnee beiseite, um sich hinlegen zu können.
In Latour kam auch die 26. Division an, die einst die Kolonne Durruti gewesen war und den Rückzug der Flüchtlinge gedeckt hatte. Sie wurden, da sie besonders gefürchtet waren, nicht nur entwaffnet, sondern auch in die Zitadelle gesperrt. Hier war es besonders kalt, und die Männer hatten nichts, was sie verbrennen konnten. Später wurden sie in das berüchtigte Lager Vernet d'Ariège gesperrt, wo es besonders entwürdigend und brutal zuging. Diejenigen, die sich dagegen auflehnten, wurden als „indésirables" (Unerwünschte) nach Afrika verschifft.

Von Anfang an versuchte die französische Regierung, möglichst viele Spanier wieder loszuwerden. Ein besonders schlauer Korrespondent des L'Indépendant schrieb, warum denn bloß so viele Menschen vor Franco fliehen würden, so viele Kugeln hätte der doch gar nicht.
Das Gegenteil war der Fall. Das faschistische Regime zeigte gleich zu Beginn des Krieges, was sie mit Widerständigen und Andersdenkenden vorhatten. Ganze Dörfer wurden ausgelöscht (Badajos). Es wurden sehr schnell Gesetze erlassen, die es ermöglichten, praktisch jeden aus der republikanischen Armee zum Tode zu verurteilen, und Franco machte auch nicht vor den Frauen Halt, die verdächtigt wurden, auf der Gegenseite gestanden zu haben. Es gab zwischen 1936 und 1943 164 Konzentrationslager mit 370 – 400 000 Gefangenen, davon sind 150000 umgekommen. (6)

Das Lager von Argelès an der Mündung des Tech

Lager in Sand und Wind

An den Ankunftsorten entlang der spanisch-französischen Grenze erlebten die Flüchtlinge, wie bereits geschildert, eine von den Soldaten durchgeführte grausame Aufteilung: die Männer, auch die halbwüchsigen Söhne, wurden von den Familien getrennt, die Verwundeten in umliegende Hospitäler oder etwas Ähnliches, hastig in Schulen und Turnhallen eingerichtet, untergebracht, die Frauen, Kinder und Alte in Busse verfrachtet und in ein unbekanntes Irgendwo im Landesinneren transportiert. Die Männer mussten marschieren, und es ging Richtung Mittelmeer.
Später wurden neben den Männerlagern auch Frauenlager an den Stränden eingerichtet.

Die Regierung Daladier (7) hatte sich bei Ankunft der spanischen Flüchtlinge überrumpelt und unvorbereitet gezeigt. Serge Barba (8) jedoch fand in Regierungsschreiben und Dokumenten, dass sie so unvorbereitet nicht war.
Im Mai 1938 wurde eine Besichtigung in **Argelès-sur-Mer** vorgenommen, ohne die örtlichen Verantwortlichen darüber zu informieren. Argelès liegt etwa 22 km von Cerbères am Mittelmeer und 30 km von Le Perthus entfernt. Es ist der erste Ort, von Süden betrachtet, der nach der Felsenküste der Côte Vermeille einen weiten Sandstrand besitzt.
Es wurde festgestellt, dass es im Osten des Ortes, hinter dem eigentlichen Strand und unterhalb der Mündung des Tech, eine nackte Ebene gab, die etwa 1200 Meter lang war und 400 Meter breit, der Untergrund aus Sand und wenig kurzem Bewuchs. In 3,5 Metern Tiefe sollte es ein Grundwasserreservoir geben, das leicht mit Hilfe von Pumpen zu erschließen wäre, so der zuversichtliche Bericht. Vor 1914 campierte hier regelmäßig das Militär. Das Terrain sei vor Überschwemmungen sicher, wurde festgestellt, und es kämen keine Kosten auf, denn es gehörte der Gemeinde.
Ähnliche Voruntersuchungen fanden zur gleichen Zeit in Saint Cyprien und Barcarès statt. Die französische Regierung hatte also schon einen Plan, wohin sie mögliche spanische Flüchtlinge legen könnte. Der Plan

umfasste auch die Überzeugung, dass die Flüchtlinge nicht einfach irgendwo aufgenommen werden dürften, sondern dass sie zu internieren seien, heißt: eingesperrt werden. Es wurde ein Erlass herausgegeben, der den Herbergen vorschrieb, jede Person zu melden, die sie unterbrachten.

Die Männer marschierten zum Teil 30, manchmal 50 Kilometer. Sie hatten im Krieg gekämpft, sie waren geflohen, sie hatten ihr Land verlassen müssen. Sie waren erschöpft, ausgehungert, deprimiert.
Am 30. Januar kam eine Vor-Gruppe von 140 spanischen Flüchtlingen in Argelès an mit 90 französische Mobilgarden. Sie brachten Stacheldraht und Material für ein paar erste Baracken (für die Verwaltung). Es regnete so, dass der Strand überschwemmt war. Am 1. Februar erschien der Innenminister Albert Sarraut und besichtigte das zukünftige Lager. Obwohl noch nichts zu sehen war, berichtete er nach Paris, dass alles vorbereitet sei.
In den ersten Februartagen erreichten nach und nach die Kolonnen der spanischen Flüchtlinge den Strand. Der Stacheldrahtzaun um das etwa 50 ha große Gelände war gezogen und wurde von den Senegalesischen Schützen bewacht. Für das Innere waren die französischen Mobilgarden zuständig. Die *Spahis*, Soldaten aus der Kolonialarmee Nordafrikas, waren zu Pferde und wurden für die Überwachung der ankommenden Flüchtlinge eingesetzt.
Die Männer, die sich vorgestellt hatten ein Bett zu erhalten, eine Unterkunft, sei sie auch noch so einfach, ein Dach über dem Kopf, trauten ihren Augen nicht. Es gab nichts. Nur den Sand, den Wind, das Meer und Stacheldraht. Keine Unterstände, keine sanitären Anlagen. Erst jetzt begriffen sie: Wir werden eingesperrt! Wurden sie auch in den Ankunftsorten schon wie Kriegsgefangene behandelt und bewacht, so wurde es jetzt definitiv. Frankreich hieß die Kämpfer gegen den Faschismus und für die Republik nicht willkommen, sondern misstraute ihnen, sie wurden wie Kriminelle behandelt.
Die Männer fingen sofort an, mit allem, was sie finden konnten, Unterstände zu bauen gegen den Wind, den Sand, den Frost. Mit ihren Decken, aus Schilf, mit Treibgut. Sie gruben sich mit bloßen Händen Löcher, um sich hinein zu legen.

Als zum ersten Mal Laster ankamen mit einer Ladung Brot, fuhren sie ganz nahe an den Zaun und warfen das Brot darüber. Wie zur Fütterung von Tieren. Die Männer, halb von Sinnen vor Hunger, warfen sich darauf. Viele beschrieben später diese Szene als besonders entwürdigend. 90 000 Flüchtlinge erhielten in zwei Tagen 3000 kg Fleisch (pro Person 33g), 3 Männer mussten sich pro Tag ein rundes Brot teilen. Als besonders erniedrigend wurde das Verhalten der Nordafrikaner empfunden. Sie sprachen nichts, gaben Befehle mit dem Bajonett. Was wussten sie vom Spanischen Bürgerkrieg, von der Revolution? Sie waren selbst unterdrückt und traten nach unten.

SOLDATEN EMPFANGEN DIE ANKOMMENDEN FLÜCHTLINGE

Es gab kein ausreichendes Trinkwasser. Der Meeresrand wurde zur Kloake. Schnell breiteten sich Krankheiten aus, vor allem Durchfallerkrankungen, und es gab Fälle von Typhus. Aber auch der Sand machte krank, er geriet überall hin, in die Kleidung, ins Essen und Trinken, in jede Öffnung des Körpers.
Erst Ende April wurde damit begonnen, Latrinen zu bauen. Nach und nach entstanden lange Reihen von Baracken, und es wurden verschiedene Lager eingerichtet: für die Männer, für Frauen, für die Militärs und für Zivile. Dann kamen auch Frauen und Kinder in die Lager am Strand.

Zu jedem Lager gehörte ein Mediziner, ein Apotheker, eine Krankenschwester. Ein Krankenhaus behandelte die Kranken des gesamten Lagers. Die Krankenschwester wurde zu einer begehrten Nachrichtenträgerin, da sie Zugang in alle Lager hatte.
Besuche wurden nach einiger Zeit erlaubt. Aber der Weg war beschwerlich, da die Bürokratie Hindernisse baute. Jedem Besucher wurde ein Besuchsschein ausgestellt, und so ergaben sich lange Schlangen.

Nach dem Sieg Francos versuchten die Franzosen, die spanischen Männer immer wieder unter Druck zu setzen, nach Spanien zurück zu kehren. Es waren nicht wenige, die diesen Weg gingen, da sie die Hoffnungslosigkeit im Lager nicht durchhielten. Andere meldeten sich für die Fremdenlegion.
Die Gefangenen taten sich in den politischen Gruppen ihrer Herkunft wieder zusammen. Es wurden Diskussionszirkel gegründet über Literatur und Politik, eine Zeitschrift entstand: *La Barraca*. Sport- und Kulturveranstaltungen brachten Beschäftigung. Die Hauptstraße des Lagers wurde Las Ramblas genannt (wie in Barcelona und in Gerona), das Schwarzmarktviertel hieß Barrio Chino (Altstadtviertel in Barcelona).

Dass es im Juli 1940 zu einem Aufstand kam, unterstreicht die Verzweiflung der Lage der Flüchtlinge. Gegen die Bewacher wurden Steine geworfen. Die Strafen waren drastisch: 45 Gefangene wurden zurück nach Spanien geschickt. Ein Erlass verkündete, dass nach einer weiteren aufständischen Tat alle Lagerinsassen nach Spanien geschickt würden! (9)

Im Lager der Frauen (und Kinder) in Argelès hatten diese eine Schule, eine Bibliothek und ein Nähatelier eingerichtet. Am 23. März 1941 revoltierten die Frauen, nachdem sie erfahren hatten, dass eine Deportation von Männern in Lager nach Nordafrika kurz bevor stand. Es handelte sich um Männer aus den Internationalen Brigaden. Die Frauen zerstörten den Stacheldraht und drangen bis ins Lager der Männer vor. Sie wurden von den Ordnungskräften zurückgedrängt, und einige wurden hart bestraft. Die Männer wurden trotzdem in die nordafrikanischen Lager verschifft, auch dies eine Strafaktion.

Im Oktober 1940 trat der Tech nach heftigen Regenfällen über die Ufer. Anders als in dem Bericht von 1938 behauptet, handelte es sich um ein Überschwemmungsgebiet. Eine Frau ertrank bei dem Versuch, ihren Sohn zu retten.
Insgesamt liegen 216 Tote auf dem spanischen Friedhof von Argelès.

Im Juli 1941 wurde das Lager aufgelöst. Diejenigen, die eine Adresse angeben konnten, wo sie Wohnung und Arbeit bekämen, waren frei gelassen worden. Die verbleibenden Flüchtlinge wurden in andere Lager verlegt. Jedoch wurde das Lager weiterhin genutzt für den Arbeitsdienst und als Arbeitslager der Jugend.

Das Lager in **Saint Cyprien** wurde fast gleichzeitig projektiert. Saint Cyprien ist der nächste Ort von Argelès die Küste nach Norden hinauf, und liegt, genau wie Argelès, nicht direkt am Meer. Heute haben sich mit Saint Cyprien Plage die Bettenburgen am Strand ausgebreitet, die es damals noch nicht gab. Das Lager war somit noch weiter von jeglicher menschlichen Siedlung entfernt als in Argelès, abgesehen von ein paar Häusern, die Les Routes hießen. Der Weg von dort zum Lager war sehr schlecht. Jedoch für die Verkehrsanbindung der Flüchtlingsströme aus den Pyrenäen war Saint Cyprien günstig, da 8 km im Landesinneren das Städtchen Elne eine Straßenkreuzung aus allen Richtungen darstellte.
Am 6. Februar 1939 kamen die ersten Kolonnen von Flüchtlingen an, insgesamt wurden es 80 – 90 000, und genau wie in Argelès gab es nichts außer Stacheldraht. Kein Trinkwasser, keine Unterkünfte, keine sanitären Einrichtungen. Die Männer legten sich unter Planen in den Sand, um sich vor dem Wind zu schützen. Im Laufe der nächsten Monate wurden 649 Baracken gebaut, die in 17 Viertel unterteilt wurden. Jede Baracke war 24 Meter lang und 4 Meter breit, es gab Fenster auf einer Seite und keinen Fußboden.
Die 4000 Männer, die sich nach Spanien zurück meldeten, wurden im Stadion Paul Reig in Elne gesammelt. Später gingen insgesamt 16 Tausend Männer zurück nach Spanien.

Die Verhältnisse waren katastrophal. Epidemien, unmenschliche Behandlung, im Mai 1940 brach Typhus aus.

Die einzige Möglichkeit, Würde zu bewahren, war die Kunst. In St Cyprien fanden Ausstellungen statt mit Objekten aus Holz und mit Bildern. Ende 1939, Anfang 1940 verlegte man die meisten Insassen nach Argelès. Doch es kamen nun vor Hitler geflohene ausländische Juden und andere Exilanten, die nach dem Kriegsbeginn alle interniert wurden. In der Nacht vom 30. Oktober 1940 konnten 3643 Internierte fliehen, und das Lager wurde aufgelöst.

Le Barcarès liegt am weitesten von der Grenze entfernt, nördlich von Perpignan, am südlichen Rand des Binnensees Etang de Salses. Hierher wurden die Flüchtlinge, die in Arles-sur-Tech gesammelt worden waren, mit dem Zug gebracht. Dafür wurde die Bahnlinie, die 1937 eingestellt worden war, wieder reaktiviert. Insgesamt wurden auf 300 Baracken, die jedoch erst gebaut werden mussten, 50-70 000 Menschen verteilt. Auf einem speziellen Gelände, das von den Spaniern den Namen *L'Hippodrôme* (Pferderennbahn) erhielt, wurden Aufsässige eingesperrt. Hier gab es nichts als einen Pfosten in der Mitte, an dem die Gefangenen angebunden stehen mussten, Sonne, Sturm und Kälte preisgegeben. Es handelte sich meist um Kommunisten oder andere politische Flüchtlinge, die wegen Aufbegehrens gegen die Ordnungskräfte oder Fluchtversuch verurteil wurden. Nach den Menschenrechtskonventionen nennt man diese Behandlung Folter.
Diejenigen, die als besonders gefährlich eingestuft wurden, kamen ins Lager Vernet d'Ariège (siehe unten).

Auch von Le Barcarès meldeten sich viele zurück nach Spanien. Anderen gelang die Flucht nach Mexiko. 1939 nahm die mexikanische Regierung 8000 Flüchtlinge auf.
Für die Männer bestanden einige andere Möglichkeiten, das zermürbende Lagerleben zu verlassen: Die *Compagnie de Travailleurs Etrangers* (Kompanie ausländischer Arbeiter) war eine militärisch organisierte Arbeitstruppe von Ausländern (meist Spaniern). Das *Régiment de Marche de Volontiers Etrangers* (Marschtruppen-Regiment für ausländische Freiwillige) wurde in Barcarès aufgebaut für Ausländer, die als Soldaten für Frankreich kämpfen wollten (sie konnten nicht ins französische Heer eintreten).

Anfang 1942 hatte das Lager Barcarès nur noch 400 Internierte und wurde bald aufgelöst.

In **Collioure,** südlich von Argelès an der Côte Vermeille gelegen, gab es kein Lager, aber Unterkünfte, denn es ist ein seit Jahrhunderten von militärischen Forts umgebener Ort. Zunächst war Collioure nur Durchgangsstädtchen und die Bevölkerung, wie überall, half so viel, wie sie konnte. Die 2. Brigade der Kavallerie, die durch Collioure marschierte, „en bon ordre" (in guter Ordnung), beeindruckte die Bevölkerung. Die spanischen republikanischen Soldaten bemühten sich überall, in tadelloser Ordnung nach Frankreich zu gelangen, da sie dachten, sie würden dann mit mehr Respekt behandelt. Der Korrespondent des *L'Indépendant* jedoch betonte, dass die Großzügigkeit der Einwohner auch auf diejenigen träfe, die es gar nicht wert seien: Anarchisten, Kommunisten, Extremisten, Rote (also eigentlich alle).

Auf der Hochebene vor dem Fort wurden 850 Pferde stationiert und gingen in französisches Eigentum über.

DIE FESTUNG IN COLLIOURE

Das sogenannte Château, in der Mitte des Ortes gelegen, eigentlich ein Fort, wurde zum Gefängnis für die *„indésirables,* die Unerwünschten. Dazu gehörten die Führer der Internationalen Brigaden ebenso wie

Flüchtlinge aus anderen Camps, die sich gegen die Wachmannschaften widersetzt hatten. Es waren bis zu 370 Gefangene. Das Château war nicht dafür ausgerüstet, so viele Menschen zu beherbergen. Es gab einen einzigen Wasserhahn! Die Behandlung war wie in einem Zwangslager: 12 Stunden Arbeit bei unzureichender Ernährung, kein Recht auf Besuch, Zeitung, Bücher, Briefe, Spiele, Sport. Zusätzlich leisteten die Gendarmen sich jede Brutalität. Insgesamt wurden bis Dezember 1939 eintausend Spanien-Flüchtlinge in Collioure im Château eingesperrt.
Grégory Tuban schrieb darüber das Buch „Les Séquestrés de Collioure" (Die Eingeschlossenen von Collioure) (10). Ein französischer Anwalt, Pierre Brandon, machte die unhaltbaren Zustände publik, und es gelang mit Hilfe mehrerer kommunistischer Unterstützergruppen, einige wenige der Kommunisten zu befreien. Nach dem Hitler-Stalin-Pakt jedoch wurden die Kommunisten wieder verfolgt und verschwanden im berüchtigten Lager von Vernet.

Der spanische Dichter Antonio Machado floh mit seiner 88 Jahre alten Mutter, dem Bruder und seiner Schwägerin in mehreren Etappen aus Spanien. Er war besonders gefährdet, da er eine Symbolfigur für die Republik war. Von Portbou gingen sie zu Fuß nach Cerbère, weil die Straßen verstopft waren, verbrachten eine eiskalte Nacht in einem Eisenbahnwagon und fuhren am anderen Tag nach Collioure. Sie gingen zu Fuß in den Ort und mussten unterwegs Halt machen, weil sie so erschöpft waren. Eine Frau bot ihnen ihr Haus und zu Essen an und vermittelte das Hotel Quintana. Machado war krank und zutiefst deprimiert und verließ das Hotel nicht mehr. Am 22. Februar starb er, 64 jährig, seine Mutter folgte ihm drei Tage später.

Antonio Machado ist bis heute ein in Spanien zutiefst verehrter Dichter. Gleich nach dem Krieg wurde die *Fondation Antonio Machado* (Stiftung) in Collioure gegründet, die bis heute aktiv ist.

Das Lager von **Rivesaltes** ist als Einziges heute noch sichtbar. Es liegt westlich der Autobahn Perpignan – Narbonne zwischen Rivesaltes und Salses-le-Château. Ursprünglich war das Camp Joffre ein Militärlager, das 1875 eingerichtet wurde. Nachdem es länger nicht belegt wurde, nahm das Militär es 1935 wieder für seine Zwecke auf. Es wurden Zement-Baracken errichtet und genutzt bis 1939. Es ist ein vollkommen flaches Brachland, kein Sand, sondern kurzer Bewuchs, kein Baum, kein Strauch, kein Hügel zum Schutz, Wind und Wetter preisgegeben.

Erst im Dezember 1940 gab die Militärbehörde den zivilen Behörden 600 ha im Süden des Militärcamps ab, die für Exilanten aus Deutschland benutzt wurden. Das Lager kam unter die zivile Kontrolle des Vichy-Regimes. Es wurden spanische Flüchtlings-Familien aufgenommen, die sich hier wieder zusammenfinden sollten, deshalb nannte sich das Lager *Centre d'Hébergement* (Beherbergungs-Zentrum). Die Herbergen bestanden aus Baracken zu je 65 Menschen. Die Zusammenführung fand auch nicht statt, denn die Männer kamen in getrennte Zonen, ab 15 Jahren gehörten die Jungen dazu.

Gleichzeitig kamen Juden, „Zigeuner" und andere suspekte und feindliche Ausländer. (Die „Zigeuner" waren Franzosen, aber das wurde in diesem Fall nicht berücksichtigt.)

Das Lager hatte eine Kapazität von 10 000 Personen, zwischen Januar 1941 und November 1942 wurden 16 700 dort untergebracht. (11)

Das Wasser war verseucht, die Latrinen standen in der Mitte des Lagers, stanken zum Himmel und entbehrten jeder Würde. Ratten und Wanzen vermehrten sich ungehindert. Die Menschen litten an Krankheiten und Hunger. Am meisten litten die Kinder. Von 8000 Internierten 1941 waren 2000 Kinder.

Die Krankenschwester Friedel Bohny-Reiter (12) setzte sich für sie ein. Sie versuchte möglichst viele im Geburtshaus von Elne (siehe unten) unterzubringen, ebenso schwangere Frauen, weil die Hälfte aller Neugeborenen starb. Sie kochte für die Hungerkranken, veranstaltete Schulen, Spiel-und Musiknachmittage für die Kleinen und verhalf etlichen Frauen und Kindern zur Flucht vor der Deportation.

Ab Juni 1942 wurde Rivesaltes das nationale Zentrum der Judendeportation. Die Vichy-Regierung hatte zugesagt, 10 000 Juden aus der ihr unterstellten „freien" Zone auszuliefern. Die Juden erhielten spezielle Viertel im Lager. 4538 Juden kamen in Rivesaltes an. Die Hilfsorganisationen wie die Quäker, jüdische und katholische Organisationen waren ab diesem Zeitpunkt auf dem Gelände nicht mehr erlaubt. Auch unter den Flüchtlingskindern wurden die jüdischen ausgesiebt. Von August bis Oktober 1942 gingen 9 Konvois aus Rivesaltes nach Drancy, das Zwischenlager auf dem Weg nach Auschwitz.

Mit der Besetzung der „freien" Zone durch die Deutsche Wehrmacht im November 1942 wurde das Lager Rivesaltes geräumt, und sie übernahm es für militärische Zwecke.

Das Lager wurde aber nach dem Krieg nicht abgerissen, sondern es erfüllte weiterhin den Zweck des Internierens von unerwünschten Menschen: 1945 bis 1948 waren es 6-7000 deutsche Kriegsgefangene.

Ab 1962 bis 1977 wurden hier die Harki-Familien kaserniert. Als Harki werden die Algerier bezeichnet, die sich im Algerischen Unabhängigkeitskrieg von den Franzosen verdingen ließen, auf der Seite der Franzosen gegen die Eigenen zu kämpfen. Nach der Befreiung Algeriens mussten sie natürlich fliehen, wurden aber auch in Frankreich als Paria behandelt und für längere Zeit weggesperrt.

Seit 2016 ist das Gelände des Lagers von Rivesaltes als Museum zu besichtigen. Inmitten der Baracken, die zum Teil nur noch als Ruinen bestehen, aber noch einen Eindruck geben vom Lager, wurde unterirdisch ein Museum gebaut, das mit Fotos, Filmen und Ton Zeugnis ablegt von den verschiedenen Phasen der Belegung, der Lagerbedingungen und den Frauen, Männern und Kindern, die hier eingesperrt waren.

Es gab noch weitere Lager, in denen die Bedingungen und die Behandlung nahezu identisch waren: In Agde (bis zu 25 000 spanische Flüchtlinge), im Departement Aude die Lager von Montolieu, Couiza-Montazels, Bram, im Lozère Rieucros, ein Lager für Frauen, das Lager Septfonds in Tarn-et-Garonne, Gurs in den Basses-Pyrénées, Brens in Tarn und die Kranken-Lager Noé und Recebedou in der Haute Garonne.

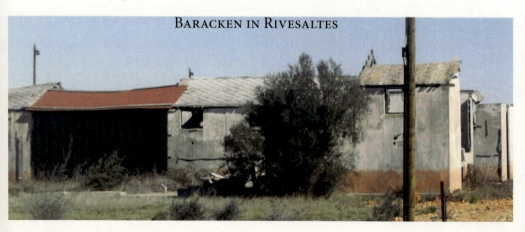

BARACKEN IN RIVESALTES

Die Unerwünschten von Vernet d'Ariège

Im Laufe des Februar 1939 beschwerten sich die Gemeindevertreter in den Orten nahe der Grenze immer mehr über die Störungen, die die improvisierten Flüchtlingslager und -unterkünfte hervorriefen. Außerdem schliefen die Menschen bei Temperaturen bis Minus zehn Grad im Freien. Es wurde also nach weiteren Lagermöglichkeiten im benachbarten Ariège gesucht. 60 000 Flüchtlinge fuhren Anfang Februar von Latour-de-Carol (siehe oben) Richtung Ariège, davon 23 000 Frauen, Kinder und Alte, die in „Empfangszentren" verschiedener Städte ins Landesinnere gebracht wurden.

In der Nähe des kleinen Ortes **Vernet**, nördlich von Pamiers im Süden von Toulouse gelegen, wurde seit dem 1. Weltkrieg ein Lager genutzt, zunächst für die „Senegalesischen Schützen" und dann für deutsche Kriegsgefangene. Ursprünglich gab es Steinbaracken für eine Belegung von 4000 Mann, später wurden noch 1500 Plätze dazu gebaut.
12 000 Soldaten der 26. Division „Durruti", die im Fort Mont-Louis bei sibirischer Kälte eingesperrt waren, wurden ab 26. Februar in das Lager von Vernet verfrachtet. Es waren überwiegend anarchistisch gesinnte Männer. Da nicht alle in den 19 Baracken Platz fanden, wurde ein zweites Lager, in Mazères, einer alten Ziegelei, eingerichtet, wo 5000 Männer in Zelten untergebracht wurden. Es sei daran erinnert, dass es die Kolonne Durruti war, die bis zum letzten Tag gekämpft hatte, um den Flüchtlingen den Rücken zu decken und die damit ein besonderes Verantwortungsbewusstsein gezeigt hatte. Nun wurden diese Männer wie besonders gefährliche Kriminelle behandelt, sie waren im „demokratischen" Frankreich unerwünscht.
Das Lager in Vernet wird von allen Beteiligten stets als das härteste bezeichnet. Der Journalist Llouis Sarlé schrieb: „Man stirbt vor Hunger, die Kranken haben keine Medikamente, das Wichtigste fehlt ... aber wir haben eine wunderschöne Kapelle..." (13)
Einer der schlimmsten Dienste war das Wegtragen der 80 kg schweren Exkrementen-Kübel zu zweit über eine Strecke von 1 km bis zum Fluss über glitschiges Gelände.

Von hier meldeten sich viele zu der Arbeits-Kompagnie für Ausländer, weil sie sich bessere Bedingungen erhofften oder eine Möglichkeit zu fliehen. Aber es gab auch Bauern in der Umgebung, die nach Arbeitskräften fragten. Bis September 1939 wurden die meisten verlegt in das Lager Camp Septfonds im Departement Tarn-et-Garonne. Denn seit Ausbruch des zweiten Weltkriegs wurden alle „feindlichen Ausländer" interniert, und es wurden besondere Lager für die ganz Gefährlichen eingerichtet. Das Lager von Vernet wurde zum *„Camp répressif pour étrangers suspect".* (Repressives Lager für suspekte Ausländer)

War es schon gegen die eigentlichen Regeln des Wegsperrens gewesen, die anarchistischen Kämpfer alle gemeinsam einzusperren (was wahrscheinlich nur aus praktischen Erwägungen geschah, es gab kein anderes Lager, das so gut erreichbar war), so erstaunt umso mehr, dass nun die „gefährlichsten Köpfe" sich im Lager von Vernet zusammenfanden. Die Eingesperrten vom Fort in Collioure wurden nach Vernet verlegt, unter ihnen die Führer der Internationalen Brigaden, kommunistische und anarchistische Leitfiguren, und ebenso als besonders gefährlich angesehene Exilanten aus Hitler-Deutschland wie die Schriftsteller Arthur Köstler und Max Aub und viele andere Intellektuelle, die auf der Flucht waren vor der Verfolgung durch die Nazis.

Es ist natürlich, dass sich im Lager schnell die verschiedenen politischen Gruppen zusammenfanden und ihre Systeme von Nachrichtenermittlung und Strategieentwicklung erfanden. Denn, wie in allen Lagern der Welt, war dies eine Strategie des Überlebens. Eine Kommunistische Internationale in Miniatur wurde gebildet und Kader-Kurse für den Widerstand in anderen Ländern abgehalten, wie Jugoslawien, Albanien und die Tschechoslowakei.

Im Herbst 1940 und Februar 1941 revoltierten die Gefangenen gegen das schlechte Essen und die Bedingungen im Lager. Die Strafen waren Auslieferung an die Deutschen und Deportation in die Lager in Nordafrika.

Aufgrund der Arbeit der geheimen Organisationen konnten in 4 Jahren 289 Gefangene fliehen.

Ab Oktober 1940 wurden in Vernet auch Juden eingesperrt, die in den überall einsetzenden Razzien unter Pétain verhaftet worden waren. Als

die Deutschen die freie Zone besetzten, kamen noch mehr Juden nach Vernet.
1942 wurden 1200 Juden aus Vernet in die Deutschen KZs deportiert. Ende Juni 1944 nahmen die Deutschen Besatzer beim Verlassen von Vernet die letzten 400 Internierten als Geiseln mit, darunter Spanienkämpfer, die in der Résistance mitgekämpft hatten. Sie verfrachteten sie in Toulouse mit 300 anderen Verhafteten, überwiegend der Résistance, in Viehwagons, die sie an ihre Reisewagen anhängten. Der Zug machte sich in Richtung Bordeaux auf den Weg. Unterwegs wurden sie von der Résistance beschossen, sie machten kehrt und fuhren Richtung Rhône. In Roquemaure mussten alle Insassen zu Fuß über die zerstörte Rhône-Brücke nach Sorgue gehen. Es war sehr heiß, inzwischen August. Überall war die Résistance aktiv, versorgte die Gefangenen und verhalf einigen zur Flucht. Aber trotz der Bombardierung durch die Alliierten und der Sabotage-Aktionen der Résistance schafften die Deutschen es mit dem Zug der Deportierten bis Dachau. Der Zug ist als „Train fantôme" (Geisterzug) in die Geschichte eingegangen. (14)
Der Historiker Jürg Altwegg hat sich auf die Spuren vieler der Gefangenen gemacht und erzählt von denen, die unterwegs fliehen konnte, denen, die aus Buchenwald nicht zurück kamen und den wenigen, die überlebten. (15)
Heute besteht in Sorgue ein Verein zur Erinnerung an die Gefangenen des Geisterzugs, und ein Mahnmal wurde errichtet.

Skulptur von Serge Castillo aus dem Zyklus Retirada

Die Verachteten kämpfen in der Résistance

Nachdem in Frankreich über Radio BBC bekannt wurde, dass die Russen Hitlers Armee vor Stalingrad besiegt hatten, stieg die Hoffnung von vielen: Der Faschismus war besiegbar. Für die geknechteten spanischen Flüchtlinge, die, nachdem die Lager aufgelöst waren, oftmals unter Zwangsarbeit standen, war es der Zeitpunkt, sich in den Kampf gegen den Faschismus in Frankreich zu begeben.

Luis Andrada Gayoso, der Vater der Familie von Paquita, von der ich unten berichte, soll hier als Beispiel dienen (16). Er war 52 Jahre alt, Mitglied der spanischen Sozialistischen Partei und hatte für die Republik gegen Franco gekämpft.
Er arbeitete zu der Zeit mit seinem Sohn Luis bei einem Forstwirt oberhalb von St Hyppolite du Fort in den Wäldern der Cevennen. Nachdem er die Nachricht erhalten hatte, diskutierte er mit den anderen Spaniern, und sie fassten einen schnellen Entschluss. Der Arbeitgeber des zweiten Sohnes Enrique, der in einer Autowerkstatt arbeitete, hatte Verbindungen zum Maquis (die sich in den Bergen versteckenden Widerstandsgruppen). Enrique fuhr mit dem Patron in die Berge, um zu erkunden, wo die Spanier sich stationieren könnten. Die Gruppe Spanier entschied, es waren etwa dreißig, die Waldarbeit zu quittieren und am Col de la Madeleine eine Widerstandsgruppe zu gründen. Enrique, der nicht nur als Einziger französisch sprach, sondern auch ein Auto fahren konnte (ohne Führerschein), wurde beauftragt, von seinem Patron einen Kleinlaster zu erbitten. Die Spanier bauten ihre Zelte im Wald ab und nahmen sie mit. Sie bildeten eine Gruppe, die sich Guerilleros Espagnols (G.E) nannte unter Cristino Garcia, der in der republikanischen Armee Kommandant war. Luis Andrada wurde aufgrund seines Alters und seiner Erfahrung ein enger Vertrauter von Garcia. Da ihm klar war, dass nicht nur die fehlende Hilfe der Franzosen und der Engländer dazu geführt hatte, dass Franco siegen konnte, sondern auch die Kämpfe unter den linken Gruppen hinter der Front, besprach er mit seiner Gruppe, dass sie alle politischen Differenzen außer acht lassen müssten. Es waren in der Gruppe Kommunisten, Marxisten, Anarchis-

ten ebenso wie Sozialisten versammelt, und nur unter dieser Voraussetzung konnten sie gemeinsam kämpfen.

Ihre ersten Angriffe galten den Gendarmerien, um sich Waffen zu besorgen.

Da der Col de Madeleine zwischen Anduze und Saint Christol lag oberhalb der Straßen, die nach Norden führten, befanden sie sich an einer idealen Stelle, um den Deutschen Truppen unangenehm zu werden. Es ging darum, den deutschen Besatzern permanent Schäden zuzufügen und ihnen so zu signalisieren, dass sie sich in einer feindseligen Umgebung befanden.

Im Februar 1944 war ein Teil der Guerilleros unter Cristino Garcia daran beteiligt, 20 zum Tode verurteilten Widerstandskämpfern die Flucht aus dem Gefängnis in Nîmes zu ermöglichen. Die Gruppe kämpfte mit anderen Résistance-Gruppen in der Nähe von Avignon, im Gers und in den Hautes Pyrénées. Die Städte Pamiers und Foix wurden von den Spaniern befreit, und sie waren beteiligt an der schrecklichen Schlacht von La Parade, um die Widerstandsgruppe Bir Hakeim zu unterstützen, aber die Deutschen zusammen mit armenischen Legionären waren zu sehr in der Überzahl, und die Résistance verlor den Kampf unter vielen Verlusten.

Schließlich wurde Alès am 21. August 1944 von den Guerilleros befreit. Von diesem Zeitpunkt an begannen die Deutschen Truppen, sich in großer Zahl zurückzuziehen gen Norden. Die 36 Guerilleros erwarteten, im Wald hinter Felsen versteckt, eine Kolonne von 1500 schwerbewaffneten Deutschen. Der „Dinamitero" (Dynamit-Arbeiter) Pla Nemesio, früherer spanischer Bürgermeister, warf die erste Granate. Die Gruppe kämpfte nun so, dass jeder, nachdem er geschossen hatte, sich an eine andere Stelle bewegte, so dass die Deutschen annehmen mussten, die Gruppe sei sehr viel zahlreicher. Der Kampf dauerte den ganzen Tag.

Einem von ihnen gelang es, zur interalliierten Militärkommission zu kommen, und diese schickte vier kanadische Flugzeuge, die die deutsche Kolonne beschossen. Der deutscher Offizier hisste die weiße Flagge. Jedoch als Cristino Garcia auf ihn zukam, wollte er sich einem „roten Banditen" nicht ergeben und verlangte nach einem französischen Offizier in Uniform. Aber die Flugzeuge hatten die Lage entschieden.

Die Guerilleros kamen aus ihren Verstecken, entwaffneten die Deutschen und machten sie zu Gefangenen, kümmerten sich um die Verletzten und die Toten. Als der deutsche Offizier einsehen musste, dass er von einem Haufen Spanier besiegt worden war, nahm er sich das Leben. Wenig später wurde Saint-Hippolyte-du-Fort befreit, das Dorf, in dem Luis Andrades Frau mit den drei Töchtern wohnte (siehe unten).

Die spanischen Flüchtlinge kämpften an allen Fronten für die Befreiung Frankreichs. Auch bei der Befreiung von Paris spielten sie eine herausragende Rolle. Das Bataillon von General Leclerc, das als erstes in Paris einmarschierte, bestand überwiegend aus Soldaten der Republikanischen spanischen Armee. Die Panzer wurden von Spaniern gefahren und hatten merkwürdige Namen: sie hießen Madrid, Teruel, Albacete, Guernica. Der erste Panzer, der vor dem Rathaus von Paris hielt, hieß Guadalajara.

Nach der Befreiung kehrte Luis, der Vater, zu seiner Familie zurück, während die beiden Söhne Luis und Enrique sich einer großen Gruppe Spanier anschlossen, die meinte, nun könne der Kampf gegen Franco erneut aufgenommen werden. Jetzt, da sie so erfolgreich waren, würden sie internationale Hilfe erhalten. Es war die Expedition vom Val d'Aran im Oktober 1944. Jedoch die Situation in Spanien hatte sich vollkommen verändert. Nachdem sie heimlich über die Grenze gekommen waren, schlossen sie sich den in den Bergen noch existierenden Widerstandsgruppen an. Aber bald merkten sie, dass die Menschen verängstigt waren und sich kaum trauten, den Mund aufzumachen, es gab überall Verrat und Misstrauen. Sie lieferten sich aussichtslose Kämpfe mit der Zivilgarde und der an der Grenze stationierten Armee, und viele fanden dabei den Tod.
Pla Nemesio wurde in seinem Heimatdorf angezeigt und zusammen mit seinem Sohn eingesperrt und zu 18 Jahren Gefängnis verurteilt, der Sohn zu fünf Jahren. (Pla Nemesio wurde 1953 begnadigt und konnte nach Frankreich ausreisen). Cristino Garcia wurde 1946 mit 11 anderen Mitkämpfern in Spanien hingerichtet.
Luis und Enrique merkten bald, dass sie keine Chance hatten und kehrten unversehrt nach Saint Hippolyte zurück.

Skulptur von Serge Castillo aus dem Zyklus Retirada

Ziel unbekannt: Die Verfrachtung der Frauen und Kinder

Was aus den Frauen, Kindern und Alten wurde, die nach der unfreundlichen Ankunft an der französischen Grenze in Lastwagen und Zügen ins Landesinnere gebracht wurden, ist wenig bekannt. Sie kämen in *Centres d'Accueil*, Empfangszentren, hieß es. Auch hier wurde alles im letzten Moment improvisiert. Es waren oft nicht die großen Städte, die die Flüchtlinge aufnahmen, sondern mittlere und Kleinstädte irgendwo in der Provinz, die eine alte Schule, ein verlassenes Krankenhaus, ein Fort oder ein halb verfallenes Château besaßen.
Oft sind es die persönlichen Erfahrungsberichte, die ein besonders gutes Bild geben vom Geschehen. „Paquita et la Retirada" von Françoise (Francisca) und Michel Cava soll hier wiederum als Beispiel dienen (16).

Francisca wurde 1926 in Madrid geboren, ihr Rufname war von Anfang an Paquita. Ihre Mutter bekam acht Kinder, fünf überlebten, zwei jüngere Schwestern und zwei ältere Brüder.
Der Vater Luis war Mitglied der sozialistischen Partei und überzeugter Anhänger der Republik. Im Juli 1936, als Franco den Militärputsch gegen die Republik entzündete, war der Vater 46 Jahre alt. Er meldete sich sofort zu den *Milicianos*, den Milizen, ebenso wie der älteste Sohn Luis. Während der Bombenangriffe auf Madrid im Dezember 1936 beschloss die Regierung, alle Kinder zu evakuieren. Paquitas Bruder Enrique fuhr nach Barcelona zu einem Onkel. Paquita wurde mit einer der Schwestern, Pilar, in einem Kinderkonvoi in die Provinz Valencia gebracht. Die beiden Schwestern sollten in verschiedenen Familien untergebracht werden, aber die kleine Schwester machte so ein Geschrei, dass sie zusammen bleiben konnten. Später kam die Mutter mit der noch kleineren Schwester Rosario dazu.
Als sich die Regierung in Madrid Anfang 1937 nach Valencia evakuierte, gehörte der Vater zur Regierungseskorte und holte seine Familie auch nach Valencia. Zehn Monate später zog die Regierung weiter nach Barcelona, und die Familie von Paquita ebenso, sie erhielt Obdach beim Onkel Pepe, wo Enrique schon war. Hier herrschte zwar eine herzliche, familiäre Atmosphäre, aber auch Hunger und Kälte. Paquita musste

früh morgens anstehen, um etwas Brot und Gemüse zu erhalten. Hier hörte sie, wie die Leute sich fragten: „Was wird es heute zu essen geben für uns?" Und die Antwort war: „Es sind wohl wieder die Pillen des Doktor Negrin." Der Regierungschef Negrin hatte die Parole: Widerstehen, widerstehen, widerstehen! ausgegeben. Das Einzige, was es für die Bevölkerung zu essen gab, waren die kleinen, sehr harten Linsen. Und die Gerüchte, Negrin dagegen lebte in Saus und Braus, machten die Runde.

Barcelona stand Ende 1938 unter ständigem Bombardement. In den letzten Dezembertagen fiel Taragona. Die republikanischen Kräfte konnten die vorrückenden Franquisten nicht aufhalten, am 23. und 24. Januar flohen Zivilpersonen und Soldaten Richtung französischer Grenze.
Der Vater brachte die Familie auf einem Laster unter, der die Archive der Regierung transportierte. Nach einem Tag und einer Nacht kamen sie durch Gerona, das überschwemmt war von Flüchtlingen. Sie mussten den Laster verlassen und zu Fuß weitergehen. In diesen Tagen bekamen die beiden kleinen Schwestern schweren Frost und hatten Fieber. Der Vater hielt einen Mann in einem Wagen an, der leer war, der wollte sie nicht aufladen, daraufhin zog der Vater seine Pistole und erzwang es. Die Familie stieg auf, der Vater musste aber zu seiner Eskorte zurück. Gleich darauf hielt der Fahrer und warf die Familie wieder raus. Der Flüchtlingsstrom wurde permanent von deutschen Flugzeugen angegriffen. Hinter Figueras beschoss die Legion Condor die Flüchtlinge, alle warfen sich auf die Erde oder versuchten sich im Gebüsch zu verkriechen. Wenn die Flugzeuge abgedreht waren, wurden die Toten auf die Seite des Weges gelegt, damit sie den Flüchtlingstreck nicht aufhielten.
Der Bruder Enrique zog immer wieder los, um Essen zu besorgen. Nachdem sie zwei Tage nichts gegessen hatten, kam er mit einem großen Brot und Speck. An der französischen Grenze in Perthus wurden sie mit keinem Wort empfangen, sondern nur „wie Vieh" in einer Ecke zusammen gedrängt. Sofort hatten die Männer alles abzugeben, was sie besaßen, nicht nur ihre Waffen. Die Frauen, Kinder und Alten mussten an den Mobilgarden vorbei laufen, und wie es ihnen einfiel, nahmen

diese sich von dem Gepäck, das die Flüchtlinge bis hierher gerettet hatten. Da der Bruder Enrique wieder unterwegs war, um Essen aufzutreiben, weigerte sich die Mutter, mit den drei Kindern auf einen Laster zu steigen, aber sie wurden mit Gewehrkolben getrieben und abgefahren, und so verloren sie den Bruder Enrique.

Sie wurden zum Lager in Le Boulou gebracht, das von den Senegalesen und den Mobilgarden bewacht wurde. Hier hörte Paquita die ersten französischen Worte: Allez! Allez! (Los, weiter!) Sie blieben 14 Tage eingesperrt, ohne WC oder Wasser zum Waschen, mit einer kleinen Ration Reis und einer Scheibe Brot am Tag. Dann wurden sie zum Bahnhof gebracht und warteten wieder 24 Stunden ohne Essen und Trinken.

Schließlich kam der Zug, und sie fuhren mit unbekanntem Ziel ab. Die Mutter hörte nicht auf, den Bruder zu suchen. Nach einer kalten, langsamen Fahrt kamen sie in Nîmes an. Hier hatte das Rote Kreuz alles gut organisiert. Sie bekamen eine medizinische Untersuchung und Verpflegung. Die beiden Schwestern wurden, weil sie Erfrierungen und die Krätze hatten, ins Krankenhaus gebracht. Am anderen Tag durften die Mutter und Paquita sie besuchen. Es wurde der Mutter gestattet, bei den Schwestern im Krankenhaus zu bleiben. Paquita, 12 Jahre alt, war allein mit der wenigen Habe, die sie bei sich hatten, allein in einem fremden Land, dessen Sprache sie nicht sprach, und wurde wieder in einen Zug verfrachtet mit unbekanntem Ziel.

Sie kam mit anderen Flüchtlingen nach Saint-Hippolyte-du-Fort, einer Kleinstadt nördlich von Montpellier am Rande der Cevennen. Das Fort, im 17. Jahrhundert erbaut, hatte die Aufgabe, die Protestanten zu bekämpfen. Trotz der Religionskriege blieb Saint Hippolyte protestantisch. Die Flüchtlinge wurden im Fort untergebracht, das bis zu der Zeit nur Ratten und Fledermäuse beherbergte. Jede Person erhielt eine Decke und ein Betttuch, in das sie das Stroh hineinfüllen konnten. Paquita fand sich mit 18 anderen Frauen in einem Zimmer wieder. Sie überstand diese Situation dadurch, dass sie an ihre couragierte Mutter dachte und sich vornahm, es wie sie zu machen. Aber die anderen Frauen waren alle um sie bemüht und kümmerten sich gut um sie. Nach einer Woche kam ihre Mutter. Die beiden Schwestern mussten insgesamt zwei Monate im Krankenhaus bleiben.

Im Fort organisierte sich das Leben um das Wenige, was sie hatten.

Ein spanischer Hirte, der Französisch konnte, erstellte Listen von allen Flüchtlingen und nahm auf, welche Familienmitglieder sie suchten. Diese Listen wurden in alle Lager verteilt. Dadurch erhielten sie nach drei Monaten die Nachricht, dass der Vater und der älteste Bruder Luis im Lager von Argelès am Strand waren, und Enrique in einem Lager in Clermont-Ferrand. Er hatte, nachdem er erfuhr, dass seine Mutter mit den Schwestern abtransportiert worden waren, sich auf den Weg nach Perpignan gemacht. Der Vater hatte gesagt, sie würden sich in Perpignan wiedertreffen. So ging er die Bahnschienen entlang in der festen Überzeugung, nach Perpignan zu gelangen. Aber er wurde von den Gendarmen aufgegriffen und nach Clermont-Ferrand gebracht. Da er aber minderjährig war, wurde er zu den Frauen ins Fort geschickt.

Ein religiöses Altenhospiz lieferte für die Frauen und Kinder im Fort ein Frühstück und zwei kleine Mahlzeiten am Tag. Die spanischen Frauen erhielten nach einiger Zeit eine Familienfürsorge, die vom Geld der Spanischen Republik im Exil bezahlt wurde. Jede Frau bekam 7 Francs, jedes Kind 4 Francs am Tag. Seit Erhalt dieses Geldes wurden sie nicht mehr von den Schwestern versorgt. Sie konnten mit dem Geld nur das Allernotwendigste kaufen. Die Frauen im Fort wechselten sich damit ab, Holz zu besorgen, um zu heizen. Insgesamt blieben sie bis Ende Juni 1940 im Fort.

Mit dem Ausbruch des Krieges im September 1939 wurde die Fürsorge nicht mehr bezahlt. Der Vater und Luis entschieden sich, in ein *Groupement de Travailleurs Etrangers* (Kompanie Ausländischer Arbeiter, siehe oben) einzutreten, um aus dem Lager herauszukommen. Sie wurden für Arbeiten an Stauseen eingesetzt oder in Kohleminen in den Cevennen und erhielten 4 Francs am Tag.

Diejenigen Flüchtlinge, die in das Marsch-Regiment der Freiwilligen Ausländer eingetreten waren, kamen an die Maginot-Linie (17). Bei der Niederlage im Juni 1940 gerieten viele in deutsche Kriegsgefangenschaft und wurden dann in die KZs deportiert.

Der Vater berichtet, wie sie immer wieder unter Druck gesetzt wurden, nach Spanien zurück zu kehren, und wenn sie das nicht wollten, mussten sie besonders schwere Arbeiten tun. Als die Deutschen nach Frankreich einrückten, flohen sie nach St Hippolyte.

So war die Familie wieder vereint.

Der Mutter gelang es, ein großes Zimmer im Dorf zu mieten. Nun machte sie sich daran, einen Arbeitgeber für ihren Mann und Luis zu finden. Sie konnte einen Forstwirt überreden, die beiden einzustellen. Allerdings arbeiteten die Männer unter sehr harten Bedingungen. Sie blieben die ganze Woche in den Bergen im Wald, um Holz zu sägen. Damals wurden die meisten Autos in Ermangelung von Benzin mit einem Holzmotor betrieben. Sie verbrachten die Nächte in mit Ästen zusammengezimmerten Hütten oder in Zelten, und sie mussten sich selbst verpflegen. Am Wochenende konnten sie nach unten ins Dorf, die Familie sehen und einkaufen für die nächste Woche. Sie erhielten nur 4 Francs am Tag.

Ab Oktober 1940 durften die Mädchen in die Schule gehen. Die Schule endete mit 14 Jahren. Und da Paquita im November 14 wurde, hatte sie nur noch 2 Monate Schule. Sie war darüber sehr betrübt. Ihre Mutter verschaffte ihr eine Stelle bei einer Näherin, wo sie das Nähen lernte. Einmal kam eine Kundin aufgeregt zum Laden zurück und behauptete, ihr Portemonnaie sei gestohlen worden. Obwohl die Chefin und eine andere Angestellte dagegen sprachen, verdächtigte die Kundin die kleine Spanierin und rief die Polizei. Paquita war minderjährig und hatte keinen Ausweis. Die Polizei fuhr zu ihrer Mutter, durchsuchte das Zimmer und hinterließ alles in großem Chaos. Paquita wurde auf das Gericht nach Le Vigan bestellt. Um dort hin zu gelangen, verloren Vater und Mutter zwei Arbeitstage. Sie mussten den Zug nehmen und in Le Vigan übernachten. Zum Glück sprach der Richter sie frei, weil nichts bewiesen werden konnte.

Die Mutter arbeitete auf einem Bauernhof als Putzfrau. Es kam vor, dass bei der Herstellung von Gänseleber ein Glas nicht gut geschlossen war und Schimmel ansetzte, das bekam sie dann geschenkt. Es war ein großes Fest für die Familie.

Auch ging sie manchmal zum Schlachthof, um die weggeworfenen Stücke Innereien und anderes aufzusammeln. Sie säuberte diese im Fluss und bereitete sie zu. Sie wurde von den Franzosen dafür verlacht und als „dreckige Spanierin" verachtet.

Ein Freund arbeitete bei einem Bauern. Dort wurde manchmal ein Kalb geboren, das wegen Durchfall gleich starb.

Er sollte es vergraben. Er tat es, grub es aber in der Nacht wieder aus. Drei Familien wurden davon satt.
Die Lebensmittelmarken, die sie erhielten, reichten nicht, um ihren Hunger zu stillen. Und sie hatten nichts, was sie auf dem Schwarzmarkt hätten tauschen können.

Paquitas Vater hatte psychisch unter den Ereignissen schwer zu leiden. Er war überzeugter Sozialist und fühlte sich von den Franzosen, vor allem in der Zeit der Lager am Strand, behandelt, als seien sie wilde Bestien. Auch dass die Französischen Sozialisten ihnen nicht zu Hilfe gekommen waren, konnte er nicht verstehen. Die Tatsache, dass sie nicht nach Spanien zurückkönnten, wog schwer. Nun kam hinzu, dass Hitler eine Schlacht nach der anderen gewann.
All das trug dazu bei, dass der Vater und die Söhne die erste Gelegenheit ergriffen, um in die Résistance zu gehen (siehe voriges Kapitel).

Während der deutschen Besatzung war Saint Hippolyte ein Ort heftiger Kämpfe und Auseinandersetzungen zwischen der Résistance, die sich in den Wäldern versteckte, und der SS. Mehrmals wurde die Familie Zeuge brutaler Vorgehensweisen der Deutschen. Einmal wurde willkürlich ein junger Belgier öffentlich gehängt. Einmal musste die ganze Bevölkerung auf den Platz kommen, und alle Häuser wurden systematisch durchsucht, aber nichts wurde gefunden. Glücklicherweise verschwanden die Nazis, aber die Bevölkerung traute sich erst nach Stunden, als es dunkel wurde, nach Hause zu schleichen.
Beim Abzug der Deutschen kamen viele Konvois durch Saint Hippolyte. Obwohl schwer bewaffnet und um sich schießend, wurden sie von der Résistance angegriffen. Es wurde den ganzen Tag gekämpft, unter schweren Verlusten. Die Bevölkerung wartete hinter verschlossenen Läden mit aufgeregten Herzen.

Als der Krieg zu Ende war, besprach die Familie, dass sie aus diesem Dorf, das sie so schlecht empfangen und so schlecht behandelt hatte, wegziehen wollten. Sie wählten Marseille. Dort erhielten sie schnell Arbeit, und die Mädchen konnten eine Ausbildung machen.

Eine Oase im Inferno: das Geburtshaus in Elne

Die Schweizer Hilfsorganisation *Cartel d'aide Suisse aux enfants* (18) hatte sich nach Ausbruch des spanischen Bürgerkrieges die Aufgabe gesetzt, die vom Bombardement am meisten betroffenen Kinder zu evakuieren. Im April 1937 begannen die Mitarbeiter-innen die Arbeit in einem Außenviertel Valencias, Burjassot. Sie verteilten Nahrungsmittel und Kleider, evakuierten Kinder aus Madrid. Ab März 1938 organisierten sie Patenschaften zwischen Schweizern und spanischen Kindern.
Elisabeth Eidenbenz war Lehrerin in Zürich und 24 Jahre alt, als sie sich 1937 zur Schweizer Hilfe nach Spanien meldete.
Im Januar 1939 floh sie mit allen anderen im großen Treck der Retirada nach Frankreich. Sie ging zunächst zurück in die Schweiz, wurde aber bald von einem Verantwortlichen des *Service Civil Internationale* zurück nach Südfrankreich gerufen, um die Arbeit mit den Müttern und Kindern fortzusetzen.

Am 1. Februar 1939 war eine spanische Flüchtlingsfrau während der Geburt ihres Sohnes gestorben. Sie hatte ihn im Dunkeln des Tunnels von Cerbère geboren. Eine Frau hatte das Baby mitgenommen und durfte später seine Adoptivmutter werden.
Die Bedingungen in den Lagern am Strand waren für Schwangere besonders unerträglich. Die meisten neugeborenen Kinder starben. In Argelès, Barcarès und Saint Cyprien waren nach der ersten Flut der spanischen Männer auch Frauenlager eingerichtet worden.
Die einzige positive Episode von einem Senegalesischen Wachmann wurde von dem Zeichner Joseph Franch Clapers berichtet: Ein Senegalese habe einem Mann wider die Regeln den Stacheldrahtzaun geöffnet, damit er sein Neugeborenes und seine Frau umarmen konnte, die gegenüber im Frauenlager standen. (19)
Die verheerende Situation für die Frauen in den Lagern wurde von der Schweizer Hilfe schnell erkannt, und die junge Elisabeth Eisenbenz machte sich daran, einen Ort zu finden, an dem sie eine Maternité, ein Geburtshaus einrichten könnte. Zunächst war es ihr möglich, ein Château in Brouilla zu mieten. Sie begann im März 1939 mit der Arbeit, zu-

sammen mit 8 anderen Frauen, darunter eine Hebamme aus Perpignan. Sie stellten 20 Betten auf und empfingen die ersten Frauen. Natürlich hatten sie administrative Probleme zu überwinden, um die Frauen aus den Lagern zu holen. Aber die Kunde verbreitete sich schnell. Bis zum Ausbruch des Krieges im September 1939 wurden 33 Kinder geboren.
Nun wollte der Besitzer das Château zurückerhalten. Elisabeth, die regelmäßig zum Markt nach Elne fuhr, entdeckte ein merkwürdiges Gebäude vor den Toren der Stadt. Es hieß Château d'en Bardou und war in einem schlimmen Zustand. Fast alle Decken waren eingefallen, es regnete durch drei Etagen.
Das Château war 1901 erbaut worden und gehörte Eugène Bardou, einem Industriellen, der Zigarettenpapier herstellte, das berühmte Papier Le Nil der Firma JOB. Es war ein dreistöckiges Gebäude mit Mittelteil und zwei Flügeln und einer repräsentativ geschwungenen Treppe zum Eingang.
Elisabeth mietete es. Die Organisation unterstützte sie finanziell, um es zu restaurieren. Im November 1939 konnten sie einziehen. Das erste Kind wurde im Dezember geboren. Elisabeth bildete mit den Helferinnen kleine Teamgruppen, die aus einer französischen Krankenschwester und zwei bis drei spanischen Pflegerinnen bestanden, außerdem der französischen Hebamme und einem Arzt aus der Umgebung, der notfalls dazu kam. Die Idee war von Anfang an, nicht nur den Frauen die Möglichkeit zu geben, unter humanen Bedingungen zu gebären, sondern auch den schwangeren Frauen vor der Geburt einen Ort zu verschaffen, an dem sie ausreichend verpflegt wurden, sich erholen konnten, weil sie sich sicher und in einer freundlichen Umgebung fühlten. Die schwangeren Flüchtlinge waren oft unterernährt und in einem Zustand vollkommener Erschöpfung, in der eine Geburt kaum möglich war. Der Neuankömmling sollte liebevoll empfangen werden und die Möglichkeit haben zu überleben. Die Mütter sollten nach der Geburt stabilisiert werden, bevor sie in die Lagerhölle zurückgeholt wurden.
Es fehlte an vielem, zunächst gab es weder Elektrizität noch warme Öfen, Kinderbetten wurden aus Obstkisten gezimmert, Windeln aus Gardinen geschnitten. Aber all das war nicht so wichtig, die Hauptsache war die Gemeinschaft. Die Flüchtlings-Frauen arbeiteten in der Küche mit, wuschen Wäsche, nähten.

Einige der internierten Väter hatten die Erlaubnis, in der Maternité zu helfen, um Handwerksarbeiten zu erledigen und den Gemüsegarten anzulegen.
Die Schweizerinnen verstanden es, eine fröhliche, friedliche und manchmal sogar ausgelassene Stimmung herzustellen. Geburtstage wurden gefeiert, es wurde viel gesungen, erzählt.
Elisabeth versuchte, die Frauen so lange wie möglich in der Maternité zu behalten, bis sie ausreichend bei Kräften waren. Manchmal kamen die französischen Gendarmen, um eine Frau zurück zu holen, dann behauptete sie: „Hier ist die Schweiz, hier bestimme ich!" Manchen Frauen konnte sie die Möglichkeit verschaffen, als Helferinnen ausgebildet zu werden.
Es kamen von Anfang an auch schwangere Frauen, die auf der Flucht vor den Nazis waren, vor allem polnische Jüdinnen. Nachdem die deutschen Truppen Belgien, die Niederlande und den nördlichen Teil Frankreichs besetzt hatten, flohen die jüdischen Flüchtlinge weiter in den Süden.
Elisabeth nahm auch kranke Kinder aus den Lagern auf. Ab Januar 1941 versammelte das Lager von Rivesaltes spanische Flüchtlingsfamilien. Die Schweizer Helferin Friedel Bohny-Reiter arbeitete eng mit Elisabeth und ihrem Team zusammen.

Anfang 1942 gingen viele Spanier unter dem Druck der französischen Verwaltung und aufgrund der unerträglichen Bedingungen in den Lagern nach Spanien zurück. Die Lager wurden zunehmend für Juden, Sinti und Roma verwendet. Nachdem die Regierung Vichy im Juli 1942 der Deportation von Juden aus beiden Zonen zugestimmt hatte, fand in Paris am 16. und 17. Juli eine große Razzia statt, die jüdischen Familien wurden in der Radrennbahn Vel d'Hiver zusammengetrieben und ohne sanitäre Anlagen, Essen oder Trinken eingesperrt, um sie dann in verschiedene Lager zu transportieren. Auch in den Lagern am Strand kamen diese Unglücklichen an. Elisabeth Eidenbenz und ihr Team versuchten, so viele Frauen und Kinder wie möglich unterzubringen und zu verstecken.

Nachdem die Deutschen im November 1942 auch den „freien" Süden

besetzt hatten, wurde die Situation in der Maternité immer angespannter. Die Schweizer Hilfe war mit dem Roten Kreuz zusammen gegangen. Die Mitarbeiterinnen wurden angehalten, sich einer strikten Neutralität in politischen Dingen zu unterwerfen und nur ihre humanitäre Arbeit zu tun. Eine unmögliche Aufgabe. Die Gestapo kam mehrfach, um jüdische Frauen abzuholen, und hier gelang es Elisabeth nicht, zu behaupten, es sei Schweizer Territorium. Aber sie versuchte, die Frauen zu schützen. Eine Nachbarin, die damals ein Kind von 10 Jahren war, berichtete später, dass sie Schüsse gehört habe und wahrgenommen, wie eine schwangere Frau von der Gestapo misshandelt wurde.
Insgesamt wurden 200 Jüdinnen in der Maternité versorgt.
Zwischen 1939 und 1944 wurden hier 597 Kinder geboren.

Einem Großteil der spanischen Flüchtlinge aus den Lagern gelang es, bevor die Deutschen kamen, nach Übersee zu fliehen, oder sie wurden im Landesinneren verteilt.
Im April 1944 erschien die Gestapo und gab Elisabeth Eidenbenz und ihrem Team drei Tage Zeit, die Maternité aufzulösen. Elisabeth ging in die Schweiz zurück.
Das Château wurde nicht genutzt. Die spanischen jungen Männer, die nach der Befreiung im Oktober 1944 den Kampf mit Franco wieder aufnehmen wollten in der Expedition vom Val d'Aran, fanden sich hier zusammen, bevor sie heimlich über die Grenze gingen.

Das Château wurde bis 1997 dem Verfall preisgegeben, dann kaufte François Charpentier es und baute es wieder auf. Ein Flügel war nicht zu retten. Er übergab es später der Gemeinde von Elne. Die Initiative, ein Museum einzurichten, kam von einem der dort geborenen: Guy Eckstein.
Elisabeth Eidenbenz arbeitete nach dem Krieg weiterhin in der Schweizer Hilfe und konnte 2002 die Restaurierung der Maternité in Elne beglückwünschen. Sie erhielt dort die Auszeichnung „Gerechte unter den Nationen" des Instituts Yad Vashem.
In diesem eindrucksvollen Museum wird die Arbeit der Frauen von der Schweizer Hilfe und besonders die von Elisabeth Eidenbenz in vielen Fotos für die Nachwelt dokumentiert.

Das Geburtshaus in Elne

Skulptur von Serge Castillo aus dem Zyklus Retirada

FFREEE –
Die Kinder der spanischen Flüchtlinge bewahren die Erinnerung

Der Verein FFREEE (Fils et Filles de Républicains Espagnols et Enfants de l'Exode – Söhne und Töchter spanischer Republikaner und Kinder des Exodus) wurde 1999 in Céret gegründet und zählt inzwischen über 400 Mitglieder.

Die Beschäftigung mit der Erinnerung an die eigenen Wurzeln setzte bei vielen erst in der zweiten Lebenshälfte ein. Bis Anfang der 1990er Jahre hat es in Frankreich nur wenige gegeben, die bereit waren, die Verstrickungen des Vichy-Régimes mit dem Hitler-Faschismus genauer zu betrachten und öffentlich zu machen. Der Exodus der spanischen Republikaner und ihr unwilliger und unwürdiger Empfang in Frankreich war fast vollständig in Vergessenheit geraten. Mit der Erinnerung an die Lager am Strand vom Languedoc-Roussillon wollte man die Touristen nicht erschrecken. Alle Spuren wurden ausgelöscht.

URLAUB IN ARGELÈS

Die Flüchtlinge selber brauchten lange, um sich in ihr französisches Exil zu fügen, die Sprache zu lernen. Natürlich würden sie sich immer fremd fühlen, aber die Kinder, die in Frankreich geboren wurden, sollten mit der Vergangenheit nicht belastet werden. Sie wurden Franzosen, auch wenn die Eltern untereinander noch Spanisch oder Katalanisch sprachen. Einige gingen nach dem Tod Francos zurück. Aber sie waren nun in dem Spanien, das sie vorfanden, ebenso fremd.
Doch auch wenn wenig in den Familien über Krieg und Flucht gesprochen wurde, teilte sich die Geschichte den Kindern mit. Und als die Eltern alt wurden oder starben und sie selber reif waren, sich dem Unausgesprochenen zu stellen, begannen einige, die Geschichte zu rekonstruieren.

Der Verein FREEE ist das Ergebnis dieser Suche. Das festgeschriebene Ziel des Vereins ist, den Geist des Humanismus zu kultivieren und den der Republik zu verteidigen. Es soll darum gehen, mit Konferenzen, Debatten, Veröffentlichungen, Treffen und Ausstellungen die Erinnerung der Geschichte der Flucht der Spanier und Spanierinnen wieder zu beleben und wach zu halten.
Ein Mal in der Woche gibt es ein festes Treffen der Mitglieder, die vor Ort wohnen. Ein Mal im Jahr wird zum großen Treffen ins Languedoc-Roussillon eingeladen, um sich zu besprechen, Erinnerungstafeln anzubringen, Denkmäler einzuweihen, um die Orte des Geschehens zu besuchen und sich über den Stand der Forschung auszutauschen. Dafür kommen Mitglieder von weit her.
Jedes Mal wird ein Erinnerungsmarsch veranstaltet, es werden Friedhöfe besucht, es werden Reden gehalten, gemeinsam an langen Tischen gegessen, und Ausstellungen, Theater und Musik gemeinsam wahrgenommen.
Die Erinnerungsmärsche gehen am Strand entlang oder über die Berge der Pyrenäen, sie finden die Wege der Flüchtlinge wieder und werden danach benannt: *Chemin de la Retirada* – Weg des Rückzugs.
Inzwischen wurden Tafeln aufgestellt mit Texten und Bildern am Übergang über die Grenze bei Cerbère am Col des Belitres und bei Banyuls am Col de Banyuls, am Col de Perthus ebenso wie am Col d'Arès bei Prats-de-Mollo.

FREEE konnte im ersten Stock des Château Valmy von Argelès einen Saal erhalten, der eine ständige Foto- und Text-Ausstellung beherbergt. 2015 wurde in Rivesaltes das große, unterirdische Museum eröffnet.

Auch die Restaurierung der Maternité in Elne gehört in die Reihe der Arbeiten, das Vergessene wieder ins Bewusstsein zu heben. In Le Barcarès am Strand wurden drei Stelen aufgestellt zur Erinnerung an die drei Regimenter der *Marche de Volontaires Espagnols*, in denen 2709 Spanische Flüchtlinge engagiert waren, die sich am Kampf gegen Hitler beteiligen wollten.

Durch FFREEE sind die Orte der Lager für die heute dort Lebenden erst wieder bekannt gemacht worden. Das geschah und geschieht nicht immer ohne Widerstand. Im Februar 2015 zum Beispiel sollte am alten Bahnhof von Le Barcarès eine Tafel angebracht werden, auf der an die Ankunft der Flüchtlinge und das Konzentrationslager (*camp de concentration*) am Strand erinnert wurde. Der alte Bahnhof beherbergt heute einen Kindergarten, und die Gemeinde war nicht einverstanden, von Konzentrationslager zu sprechen, das sei für die Kinder zu schockierend, es sei ein Internierungslager gewesen.

Aber die Kinder der Flüchtlinge bestanden darauf.

Wozu die Erinnerung an Krieg, Flucht und Exil wach halten, wenn nicht, um Ähnliches für die Zukunft zu verhindern?

Um sich bewusst zu machen, dass die Flüchtlinge von gestern mit Härte, Hass und Unmenschlichkeit empfangen wurden, und die Flüchtlinge von heute ebenso? Um zu begreifen, dass nicht die Flüchtlinge uns bedrohen, sondern die Mächtigen, die unsere Lebensgrundlagen zerstören und Kriege entzünden für ihren eigenen Profit?

Anmerkungen Vorwort

1) Eine libertäre oder freiheitliche Gesellschaftsordnung ist eine Basis-Demokratie ohne Staat, Parteien und Herrschaft. Siehe auch das Kapitel über die Kollektivierungen.
2) Die sogenannte Volksfrontregierung in Frankreich unter Léon Blum hatte nur ein Jahr Bestand, 1936 – 1937. Es waren die Radikalsozialisten und die Sozialisten im Parlament, sie wurden von den Kommunisten unterstützt, ohne dass diese ein Ministerium besaßen.
3) Augustin Souchy, Nacht über Spanien, Trotzdem Verlag
4) Medienwerkstatt Freiburg, Die lange Hoffnung, Erinnerungen an ein anderes Spanien, Trotzdem Verlag (Buch und Film)
5) Das Sozialistische Büro wurde 1969 gegründet und gehörte zur undogmatischen Linken. Seine Grundthese war die Organisation der Gesellschaft von der Basis aus (Basisdemokratie). Die gesellschaftlichen Arbeitsbereiche sollten sich in Arbeitsfeldern organisieren, die jeweils Delegierte in die nächsthöheren Gremien schickten. Das SB selbst war in dieser Weise aufgebaut: Es gab die Arbeitsfelder Betrieb und Gewerkschaft, Schule, Sozialarbeit, Hochschule, Gesundheit... Es fanden Delegiertenkongresse statt, in denen die Delegierten der Arbeitsfelder zusammen kamen, das oberste Gremium was der Delegiertenrat. Das SB gab zwei Zeitschriften heraus: *links* und *express*. Ihre berühmtesten Theoretiker waren Oskar Negt, Elmar Altvater und Wolf-Dieter Narr. Neben der theoretischen Arbeit engagierte sich das SB in der Anti-AKW-Bewegung, gegen Berufsverbote und die damals zunehmende allgemeine Repression (Anti-Repressions-Kongress) und in der Friedensarbeit.
6) Clara und Paul Thalmann, Revolution für die Freiheit, Trotzdem Verlag
7) Astrid Schmeda, Ein leidenschaftliches Interesse am wirklichen Leben, Edition Nautilus

Anmerkungen Teil I

1) Pierre-Joseph Proudhon 1809 – 1865 stammte aus einer proletarischen französischen Familie. Er konnte aus Geldgründen nur wenige Jahre in die Schule gehen, verschaffte sich sein Wissen als Autodidakt. 1848 lernte er Michail Bakunin kennen und wurde Abgeordneter der französischen Nationalversammlung. Er vertrat einen Sozialismus ohne Gewalt, der getragen würde von der freien Entscheidung der Arbeiter. Von ihm stammt der bis zu den heutigen Hausbesetzungen bedeutsame Ausspruch: „Eigentum ist Diebstahl", wobei er das Eigentum meinte, an das Privilegien geknüpft sind. Unter Anarchie verstand er ein herrschaftsfreies System, ohne Herrscher, Staat und Kirche.
Leider hinderten ihn seine freiheitlichen Vorstellungen nicht an einer antisemitischen Gesinnung. Auch hörte das Streben nach Gleichheit bei seinem eigenen Geschlecht auf, die Frauen stellte er sich als naturgemäß dem Manne unterlegen vor.

2) Michail Alexandrowitsch Bakunin 1814 – 1876, stammte aus einer aristokratischen, russischen Familie. Sein Vater, obwohl liberal gesinnt, schickte ihn mit 14 Jahren auf eine Militärschule. Mit 21 meldete Michail sich krank und desertierte, angewidert von den Grausamkeiten des Krieges.
Er ging gegen den Willen des Vaters nach Moskau, studierte Philosophie, lernte die deutschen Philosophen kennen, vor allem Hegel, den er ins Russische übersetzte. 1840 wechselte er nach Berlin, erhielt Kontakt zu den Junghegelianern und zu Feuerbach, daraus entstand seine erste Beschäftigung mit den Ideen des Sozialismus. Sein weiteres Leben bestand aus revolutionären Aktivitäten und Flucht. Von Dresden nach Zürich, dann nach Brüssel, schließlich Paris. Inzwischen war er schon aufgrund eines Aufrufs zur Zwangsarbeit in Sibirien verurteilt. In Paris kam er mit Marx zusammen und stritt mit ihm, mit Proudhon befreundete er sich. Nach einem Aufruf zum Aufstand in Polen wurde er ausgewiesen und ging wieder nach Brüssel. In der 1848er Revolution kämpfte er erst in Paris, dann in Polen, Prag und Breslau. Beim Aufstand in Dresden wurde er schließlich 1849 verhaftet. Außer in Sachsen wurde er auch in Prag und in Moskau zum Tode verurteilt, schließlich nach

St. Petersburg ausgeliefert, zu lebenslanger Haft verurteilt und in der berüchtigten Peter-Paul-Festung angekettet. Nach häufigen Gnadengesuchen seiner Familie erhielt er schließlich Verbannung nach Sibirien. Er lernte dort die Polin Antonia Kwiatowska kennen und heiratete sie. 1861 konnte er als Gefangener auf einer Forschungsreise entfliehen und rettete sich über die USA nach Europa, wo er in London von seinem Freund Alexander Herzen aufgenommen wurde. Er war „mehr denn je bereit zu jedem Versuch, jedem Opfer."

Erst in dieser Phase entwickelte er seine Ideen zum Anarchismus.

Für ihn gehörten die drei Begriffe Freiheit, Sozialismus und Föderalismus zusammen. Er begründete die Vorstellung vom Kollektivistischen Gemeinwesen. Jeder Einzelne sollte die Möglichkeit erhalten, seine Fähigkeiten bestmöglichst zu entwickeln durch Bildung und materiellen Wohlstand. Er lehnte auch die auf dem allgemeinen Wahlrecht basierende Herrschaft ab, da jede gewählte Autorität danach streben würde, sich ewige Dauer zu verschaffen und dafür die Gesellschaft immer dümmer werden zu lassen.

Föderalismus bedeutet Aufbau der Gesellschaft von unten nach oben, freie Assoziation der Individuen, Produktionsgemeinschaften und Kommunen, größtmögliche Unabhängigkeit und Selbstbestimmung.

Er forderte auch die Emanzipation und Gleichstellung der Frau, Abschaffung der legalen Ehe, die durch die freie Ehe ersetzt werden sollte. Die Revolution sollte die unmittelbare wirtschaftliche Gleichheit zum Ziel haben durch Abschaffung des Privateigentums an Land und Produktionsmitteln. Er war Gegner von politischen Attentaten, sah aber, dass eine revolutionäre Veränderung nur durch Gewalt zu erreichen sei, allerdings sollte diese sich gegen Eigentum und die staatlichen Institutionen richten.

Für ihn war Gott ein Produkt menschlichen Denkens, der Glaube eine entwicklungsgeschichtliche Notwendigkeit, die es zu überwinden gälte. „Wenn Gott existiert, ist der Mensch ein Sklave, der Mensch kann und soll aber frei sein."

Er freundete sich zunächst wieder mit Marx an und übersetzte das Kommunistische Manifest ins Russische.

Er interessierte sich für Garibaldi, ging nach Italien, gründete dort eine Zeitschrift mit atheistischen und anarchistischen Positionen und setzte sich damit in Widerspruch zu Garibaldi. 1864 war er als Mitglied der Genfer Sektion bei der Gründung der Internationalen Arbeiter Assoziation in London. Dort kam es wenig später zum Bruch mit Marx.

1870 nahm er noch einmal an einem Aufstand teil, in Lyon. Während der Pariser Kommune hielt er sich in der Schweiz auf, seine beginnende Krankheit hielt ihn zurück. Er schrieb unter anderem 1873 „Staatlichkeit und Anarchie", was nach Russland geschmuggelt wurde und dort die anarchistische Bewegung beeinflusste. Er zog sich nach Locarno zurück, reiste zum Aufstand von Bologna und konnte nach der Niederlage unentdeckt in die Schweiz zurückkehren. 1876 starb er in Bern.

3) Nicht zu verwechseln mit den darauf folgenden Internationalen: Die zweite, sozialistische wurde 1889 gegründet und war die der Sozialdemokraten. Die dritte Internationale 1919 war die kommunistische und die vierte die trotzkistische.

4) Die Pariser Kommune war der Versuch des Volkes von Paris, in einem herrschaftslosen Moment (Napoleon III war im Krieg gegen die Deutschen gefangen genommen worden) die Macht zu übernehmen. Es wurden Wahlen zum Gemeinderat (Kommune) durchgeführt und die Republik ausgerufen. Es ging den Kommunarden um die Schaffung von menschenwürdigen, sozialen Verhältnissen. Der Weg dorthin war jedoch umstritten, aber es entstanden Ansätze zu einer kollektiven und föderalistischen, freiheitlichen Organisation. Neben den internen Uneinigkeiten befand sich die Kommune im Zwei-Fronten-Krieg gegen die Deutschen und gegen die offizielle Französische Regierung in Versaille und scheiterte daran.

5) zitiert nach Carlos Semprun-Maura „Revolution und Konterrevolution in Katalonien", Edition Nautilus, S. 38

6) Dolores Ibárruri, 1895 – 1989 stammte aus einer baskischen Arbeiterfamilie. Sie trat 1917 in die Sozialistische Partei Spaniens ein und 1921 in die Kommunistische (PCE). Sie erlebte zusammen mit ihrem Mann, der Minenarbeiter war, große Armut, durch die 4 ihrer 6 Kinder starben. Autodidaktin, schrieb sie unter dem Pseudonym *Pasionaria* (Passionsblume) Artikel für kommunistische Zeitungen. 1930 trennte sie sich von ihrem Mann, ging nach Madrid und trat ins ZK der Kommunistischen Partei ein, 1932 wurde sie Mitglied des Politbüros, 1933

Abgeordnete der PCE Asturiens in der Cortes. Sie trat für Frauenrechte ein. Sie verstand es, mitreißende Reden zu halten und ebensolche Artikel zu schreiben, durch die sie bekannt wurde. Als Mitglied der Kom-intern reiste sie mehrmals nach Moskau und traf Stalin. Während des spanischen Bürgerkriegs wurde sie zur Symbolfigur hochstilisiert durch den Ausruf: No pasaran! (Sie werden nicht durchkommen!) Als eiserne Stalinistin trug sie Mitverantwortung für die Verfolgung und Ermordung von POUM-Mitgliedern und Anarcho-Syndikalisten. Die Verehrung der „Pasionaria" durch die Kommunisten trug mit dazu bei, die anarchistische Revolution zunächst zu verunglimpfen und dann zu verschweigen. Durch sie stehen vor allem die Kommunisten als die einzigen Helden da im Kampf gegen den Faschismus.
Dolores Ibárruri floh in die Sowjetunion und lebte dort bis Francos Tod 1975. Sie wurde Sowjetbürgerin und erhielt viele Ehrungen. Von 1968 an wandte sie sich vom Leninismus ab und gründete mit Carillo den Eurokommunismus. 1975 ging sie zurück nach Asturien.

7) zitiert nach Semprun-Maura a.a.O. S.41

8) zitiert nach Abel Paz, Durruti, Leben und Tod des spanischen Anarchisten, Edition Nautilus

9) Buenaventura Durruti, 1896 –1936, stammte aus einer Arbeiterfamilie und wurde Schlosser, besuchte die Abendschule. Nach dem Streik der Arbeiter von Asturien 1916, in dem die Armee gegen die Arbeiter vorging, trat er der CNT bei und ging ins Exil in Paris. Nach seiner Rückkehr 1920 trat er in San Sebastian in eine anarchistische Kampfgruppe ein und befreundete sich mit Francisco Ascaso, Juan Garcia Oliver und Gregorio Jover, drei Gefährten, die ihn auch in der spanischen Revolution begleiteten. Er gehörte zur Stadtguerilla von Barcelona und soll am Attentat auf den Erzbischof von Saragossa beteiligt gewesen sein. Unter dem Diktator Primo de Rivera musste er wieder nach Paris ins Exil gehen. Er reiste nach Südamerika und nach Berlin, wo er Augustin Souchy kennen lernte. Da er öffentlich als Redner für die Revolution sprach, wurde er mehrfach verhaftet und unter anderem nach Spanisch-Sahara deportiert. Seine Lebensgefährtin Emilienne Morin, die er 1927 kennen lernte, unterstützte ihn auch in der Kolonne, die seinen Namen trug. Durruti galt als Kopf der FAI und war entschiedener Verfechter ei-

ner libertären Gesellschaft, einer kollektiven Gesellschaftsorganisation ohne Macht und Führer, für die Selbstorganisation der Menschen und die Selbstentfaltung des Individuums.

Sein Biograph Abel Paz hieß mit bürgerlichem Namen Diego Camacho, 1921 – 2009. 1934 arbeitete er als Lehrling in einer Textilfabrik, 1935 trat er in die CNT ein. Zu jung für die Milizen, gründete er mit Freunden die Zeitschrift Le Quichotte. Er floh mit der Retirada 1939 nach Frankreich, kam in die Lager Argelès und Saint Cyprien und ging nach dem Einmarsch der Deutschen in den Süden Frankreichs 1942 mit einer Gruppe Guerilleros nach Spanien, um im Untergrund gegen Franco zu kämpfen. Er wurde im Dezember verhaftet und bekam 9 Jahre Haft. 1953 kehrte er zurück ins Exil nach Frankreich und blieb dort bis Francos Tod 1977, danach lebte er in Barcelona.

10) FAI: Federatiòn Anarquista Ibérica, Föderation der spanischen Anarchisten, während die CNT die anarchistische Gewerkschaft war.

11) UGT: Uniòn General del Trabajadores, Gewerkschaftsbund der Sozialisten, von Largo Caballero gegründet

12) Augustin Souchy, Nacht über Spanien, a.a.O. S 100/ 101

13) Mary Nash, mujeres libres – Die freien Frauen in Spanien 1936 – 1978, Karin Kramer Verlag 1979

14) Carlos Semprun-Maura, 1926 – 2009, Schriftsteller und Journalist. Sein Vater war Diplomat der republikanischen Regierung. 1939 flüchtete die Familie nach Frankreich. 1950 trat Carlos S. M. in die spanische Kommunistische Partei ein, die er aber 1956 wieder verließ. Sein Bruder war Serge Semprun, Schriftsteller, der in Buchenwald im KZ war. Carlos schrieb mit seinem Neffen Jaume: „Revolution und Konterrevolution in Katalonien", (Edition Nautilus) außerdem zahlreiche Theaterstücke. Nach Francos Tod ging er zurück nach Spanien und entwickelte sich im Alter zu einem scharfen Kritiker der Linken.

15) zitiert nach Semprun-Maura a.a.O. S. 159

16) Der englische Journalist und Schriftsteller George Orwell, 1903 – 1950, wurde weltberühmt für seinen (damals) futuristischen Roman „1984", den er am Ende seines Lebens schrieb. 1937 war er in den spanischen Krieg gegen den Franco-Faschismus eingetreten. Er hatte sich,

bevor er sich an die Front meldete, nicht um die politischen Auseinandersetzungen zwischen den Kommunisten und den Anarchisten gekümmert und hatte auch 1938, als er seine Erlebnisse aufschrieb, nur unzureichende Informationen. Trotzdem ist sein Buch ein wichtiger Augenzeugenbericht. Orwell erkannte aufgrund seiner Erlebnisse die Taktik und die Lügenpropaganda der Kommunisten. Weil er bei der von den Kommunisten verfolgten POUM in der Miliz gekämpft hatte, mussten er und seine Frau nach den Maiereignissen im Juli 1937 aus Spanien fliehen. Er wurde für „Mein Katalonien" von der kommunistischen Linken scharf angegriffen.

„Mein Katalonien", Diogenes

17) Mika Etchebéhère, 1902 – 1992 hieß zunächst Micaela Feldmann und war Kind russischer Juden im Exil in Argentinien, wo sie in einem Dorf unter russischen Anarchisten aufwuchs. Mika emigrierte, als die Deutschen Paris besetzten, als Jüdin nach Argentinien, kam aber nach dem Krieg nach Paris zurück. Sie war auch im Mai 1968 aktiv. Sie starb mit 90 Jahren in Paris.

« La guerra mia » Verlag Neue Kritik

(18) SIM – Servicio de Investigatiòn Militar, siehe Semprun- Maura a.a.O. S. 254

19) Santiago Carillo, 1915 – 2012, arbeitete von 1960-1982 im Exil in Frankreich unbeschadet weiter als Generalsekretär der Spanischen Kommunistischen Partei. Nach dem Tod Francos war er 1977, 1979 und 1982 Abgeordneter im spanischen Parlament. Er entwickelte mit Marchais und Berlinguer das Konzept des Eurokommunismus.

20) zitiert nach Semprun-Maura a.a.O. S.159

21) Augustin Souchy bezieht sich in seinem Schlusskapitel „Der Tragödie letzter Akt" auf Garcia Pradas, einen Journalisten der Madrider Tageszeitung C.N.T., der das Ende der Spanischen Republik miterlebte und in seiner Schrift „La Traiciòn de Stalin" (Der Verrat Stalins) 1940 in New York veröffentlichte.

Augustin Souchy, a.a.O. S. 233 ff

22) Hans Magnus Enzensberger, Der kurze Sommer der Anarchie, Suhrkamp

Anmerkungen Teil II

1) Die Senegalesischen Schützen, *Les Tirailleurs Sénégalais*, gehören zur kolonialen französischen Armee, stammen aber aus Schwarzafrika, es sind nicht nur Senegalesen. Bei den *Spahis* handelt es sich ebenfalls um Soldaten der kolonialen französischen Armee, Kavallerie-Soldaten, die aus den nordafrikanischen Ländern stammen.

2) übersetzt aus : Serge Barba, Frontière barbelés, Les chemins de la Retirada 1939, Editions Trabucaire, S. 34

3) alle Angaben nach Serge Barba, a.a.O.

4) Lluis Companys flüchtete nach der deutschen Besetzung Frankreichs nicht nach Übersee, weil er bei seinem geistig behinderten Sohn bleiben wollte. Er wurde 1940 von der Gestapo verhaftet und nach Spanien ausgeliefert. Im Oktober 1940 wurde er dort hingerichtet.

5) übersetzt aus: Serge Barba a.a.O. S. 78

6) Serge Barba a.a.O. S. 109 ff

7) Die französische Volksfrontregierung von Léon Blum wurde 1938 abgelöst von den Radikal-Sozialisten (PRS) unter Edouard Daladier

8) Serge Barba a.a.O. S. 156

9) Serge Barba a.a.O. S. 164

10) Grégory Tuban „Les Séquestrés de Collioure" (Die Eingeschlossenen von Collioure) Editions Mare Nostrum, Perpignan

11) alle Angaben nach Serge Barba, a.a.O.

12) Friedel Bohny-Reiter, Camp de Rivesaltes 1941 – 1942, Hartung-Gorre-Verlag Konstanz

Friedel Reiter, 1912 – 2001, wurde 1914 aus Wien evakuiert. Ihr Vater fiel gleich zu Anfang des 1. Weltkrieges. Nach dem Krieg wurde Friedel vom Roten Kreuz in eine Familie in die Schweiz gegeben, in der sie von 1920 – 1936 blieb. Sie wurde Krankenschwester und arbeitete in Florenz mit Waisenkindern. 1941 schloss sie sich der Schweizer Hilfe an und ging nach Rivesaltes, dort lernte sie ihren späteren Mann August Bohny kennen, der in Südfrankreich in einem Heim für Kriegswaisen arbeitete. Friedel Reiter hat in ihrem Tagebuch aus

Rivesaltes eindrucksvoll ihre fast aussichtslose Hilfeleistung für die Flüchtlingskinder, Frauen und die Hungerkranken beschrieben. Durch ihr Tagebuch haben wir heute einen tiefen Einblick in die unfassbar menschenverachtende Behandlung der Flüchtlinge in den Konzentrationslagern Südfrankreichs. Nach dem Krieg setzten sich Friedel und August Bohny-Reiter in der Schweiz weiterhin für Waisenkinder ein. Sie erhielten die Auszeichnung „Gerechte unter den Nationen" des Instituts Yad Vashem.

13) übersetzt nach: Serge Barba, a.a.O. S.213 aus Lluis Sarlé-Roigé, Ombres de le vida y de la mort, Editorial Portic, Barcelona

14) Francesco Nitti: Chevaux 8, Hommes 70, Editions Mare Nostrum Perpignan

15) Jürg Altwegg, Geisterzug in den Tod, Rowohlt
Nachdem ich mich mit einem Überlebenden aus Dachau und seinem Bruder, die beide in der Résistance gekämpft hatten, brieflich austauschen konnte, entstand meine Erzählung: „Marie Courage", in der die Geschichte des Geisterzuges nachgezeichnet wird. Astrid Schmeda, Barfuß, Erzählungen aus dem Midi, Edition Contra-Bass

16) Francoise et Michel Cava, Paquita et la Retirada, Collection Rouge Midi, Marseille

17) Die Maginot-Linie, benannt nach dem Kriegsminister André Maginot von 1929/30, ist eine Verteidigungslinie entlang der Grenzen Frankreichs, insbesondere gegenüber Deutschland. Stacheldraht, Bunker zur Verteidigung, Einrichtungen zur Panzerabwehr sollten gegen einen ersten Überraschungsangriff schützen. Die Maginot-Linie war aufgrund der Schrecken des ersten Weltkriegs entwickelt worden und half dann im 2. Weltkrieg wenig, da Hitler sich den schwächsten Punkt der Linie aussuchte, von Norden über Belgien kommend.

18) Das Kartel zur Schweizer Hilfe für Kinder gehörte unter das Dach des *Service Civil International* – Internationaler Hilfsdienst

19) Serge Barba, a.a.O. S. 181

Skulptur von Serge Castillo aus dem Zyklus Retirada

LITERATUR

Altwegg Jürg, Geisterzug in den Tod, Rowohlt
Barba Serge, Frontière barbelés, Les chemins de la Retirada 1939, Editions Trabucaire
Bohny-Reiter Friedel, Camp de Rivesaltes 1941 – 1942, Hartung-Gorre-Verlag Konstanz
Cau Thérèse, L'album de l'exil, Cap Béar Edition, Perpignan
Cava Françoise et Michel, Paquita et la Retirada, Collection Rouge Midi, Marseille
Enzensberger Hans Magnus, Der kurze Sommer der Anarchie, Suhrkamp
Etchebéhère Mika, La guerra mia, Verlag Neue Kritik
Medienwerkstatt Freiburg, Die lange Hoffnung, Erinnerungen an ein anderes Spanien, Trotzdem Verlag (Buch und Film)
Nash Mary, mujeres libres – Die freien Frauen in Spanien 1936 – 1978, Karin Kramer Verlag
Nitti Francesco, Chevaux 8, Hommes 70, Editions Mare Nostrum Perpignan
Orwell George, Mein Katalonien, Diogenes
Paz Abel, Durruti - Leben und Tod des spanischen Anarchisten, Edition Nautilus
Schmeda Astrid, Ein leidenschaftliches Interesse am wirklichen Leben, Roman Edition Nautilus
Schmeda Astrid, Barfuß, Erzählungen aus dem Midi, Edition ContraBass
Semprun-Maura Carlos, Revolution und Konterrevolution in Katalonien, Edition Nautilus
Souchy Augustin, Nacht über Spanien, Trotzdem Verlag
Thalmann Clara und Paul, Revolution für die Freiheit, Trotzdem Verlag
Tuban Grégory, Les Séquestrés de Collioure, Editions Mare Nostrum, Perpignan

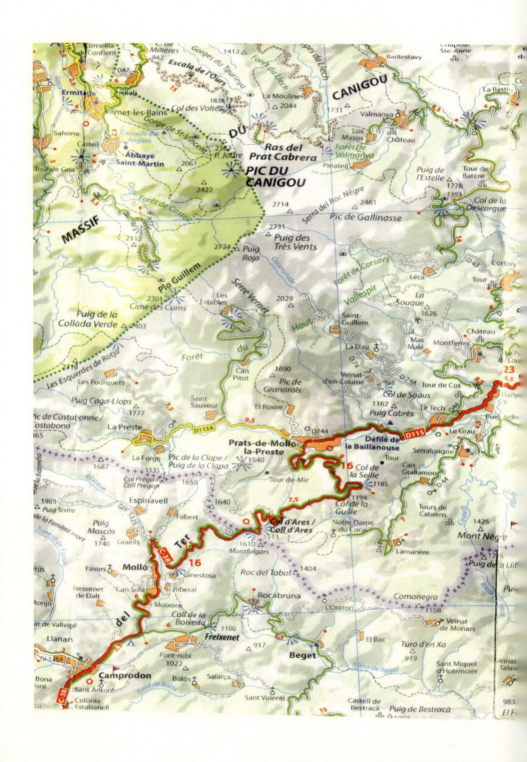

Die Pyrenäen im katalanischen Grenzland

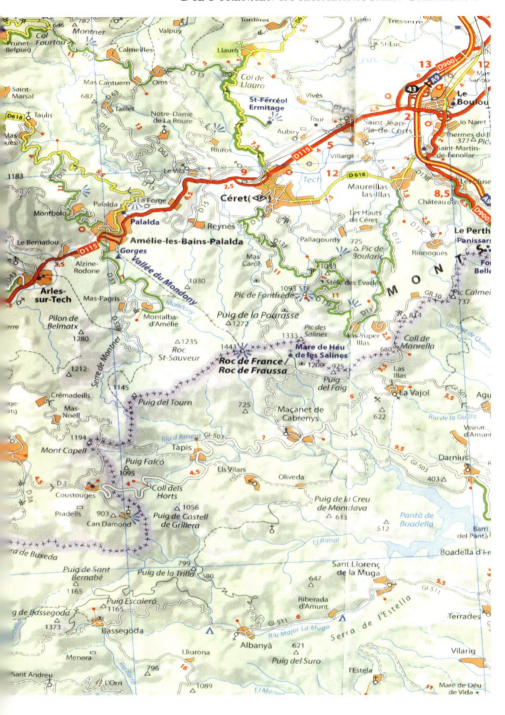

Von den Pyrenäen zu den Stränden im Roussillon

DANK

Mein Dank geht an Michelle und Serge Castillo, die uns zur Organisation FFREEE führten, an deren Erinnerungstreffen wir teilnehmen durften. Ich freue mich besonders, dass ich die Entstehung der Tonskulpturen von Serge über die Retirada und damit seine Auseinandersetzung mit seiner spanischen Geschichte miterleben durfte. Ebenso, dass Michelle mir ihre Fotografien von Serges Arbeiten zur Verfügung stellte.

Ich bedanke mich bei Serge Barba, dass er sich bereit fand, meine Fragen zu beantworten. Sein detailliertes Buch über die Retirada und die Inhaftierung der Flüchtlinge hinter Stacheldraht hat mir wertvolle Informationen geliefert. Ich freue mich besonders, jemanden kennen gelernt zu haben, der in der Maternité von Elne geboren wurde.

Dieses Buch ist auch in Erinnerung an Clara Thalmann entstanden, deren Mut, Aufrichtigkeit und Leidenschaft für eine herrschaftsfreie Gesellschaft mir auf meinem Weg eine Leitlinie ist.

Saint Saturnin lès Apt, September 2016

Astrid Schmeda

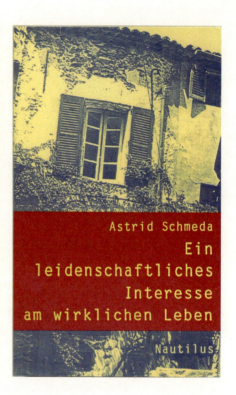

Livres imprimés sur des papiers labellisés
- *Certification garantissant une gestion durable de la forêt* -
Fabriqué en France
Imprimé sur papier **Clairefontaine** fabriqué dans les Vosges.

Achevé d'imprimer sur les presses du
Centre Littéraire d'Impression Provençal
Le Rove - France
www.imprimerieclip.fr
numéro d'impression 16103936